# Curso

*La diferencia entre aprobar
y sacar plaza*

# Auxiliar Administrativo/a

## AYUNTAMIENTO DE SEVILLA

Accede a tu **Curso MAD360** y disfruta de los siguientes recursos:

AF212441

- Técnicas de Memoria 360.
- Test *online*.
- Temario en formato digital.
- Vídeos.
- Esquemas.
- Planificación de estudio.
- Foro entre opositores hasta la fecha del examen.*
- Recursos y novedades exclusivas.
- Consulta sobre la oposición y el proceso selectivo.
- Actualizaciones legislativas (Boletines Oficiales) hasta 60 días antes de la fecha del examen.*

Para acceder al Curso MAD360** será necesaria la compra de todos los libros para esta especialidad de la edición 2023.

Valida los códigos que encuentras en la última página de tus libros y disfruta de la experiencia MAD360.

### Infórmate en: mad.es/registro-campus

**NOTA IMPORTANTE:**

\* Examen de esta categoría profesional correspondiente a la convocatoria publicada en el BOP núm. 256 de Sevilla de 6 de noviembre de 2023, o hasta el 31 de diciembre del 2024, lo que se cumpla antes.

\*\* El acceso al CURSO MAD360 estará disponible desde enero de 2024 (algunos recursos podrían estar disponibles en fecha posterior). Tendrá una duración de 365 días, desde la validación de códigos, o hasta el 30 de junio del 2025, lo que se cumpla antes.

MAD se reserva el derecho a ampliar dichas fechas.

# Auxiliar Administrativo/a del Ayuntamiento de Sevilla

**Enero 2024**

# Auxiliar Administrativo/a del Ayuntamiento de Sevilla

## Test

# Autores

**JOSÉ ANTONIO GUERRERO ARROYO**
Cuerpo Superior de Letrados
Cuerpo Superior Jurídico de Comunidad Autónoma

**PATRICIA PÉREZ SÁNCHEZ-ROMATE**
Licenciada en Derecho

**FRANCISCO JESÚS TORRES FONSECA**
Licenciado en Derecho

**CARLOS TOJEIRO ALCALÁ**
Ingeniero Informático
Titulado MCP de Microsoft

**SERGIO JIMENO MOLINS**
Ingeniero Superior en Telecomunicaciones Profesor de Educación Secundaria Obligatoria y Bachillerato

© 7 Editores Recursos para la Cualificación Profesional y el Empleo, S.L. (7 Editores)
© Los autores
Primera edición, enero 2024 (260 páginas)
Derechos de edición reservados a favor de 7 Editores
IMPRESO EN ESPAÑA
Diseño Portada: 7 Editores
Edita: 7 Editores
Avda. San Francisco Javier, 9 · Edificio Sevilla 2 · Planta 11 · Módulos 25-27 · 41018 Sevilla
Teléfono: 954 784 411 · WEB: www.mad.es · e-mail: administracion@7editores.com
ISBN: 978-84-142-7762-1
© "Editorial Mad" y "Eduforma" son nombres comerciales registrados de
7 Editores Recursos para la Cualificación Profesional y el Empleo, S.L.

# Índice

## PARTE II. OFIMÁTICA

# Organización Pública y Derecho Administrativo

# TEST N.º 1

**La Constitución española (I). España como Estado Social y Democrático de Derecho y los valores superiores del ordenamiento jurídico. Los derechos y deberes fundamentales: Título I de la Constitución española (excluido el capítulo tercero). El Tribunal Constitucional: Título IX de la Constitución española. La reforma constitucional: Título X de la Constitución española**

**1. ¿En qué se fundamenta la Constitución Española?**

a) En un Estado social y democrático de Derecho.
b) En la indisoluble unidad de la Nación española.
c) En la independencia de los poderes del Estado.
d) En la organización territorial del Estado.

**2. Según el artículo 3 de la CE, el castellano es la lengua oficial del Estado y todos los Españoles:**

a) Tienen el deber de usar y el derecho de conocer el castellano.
b) Tienen el derecho y el deber de conocer el castellano.
c) Tienen el deber de conocer y el derecho de usar el castellano.
d) Tienen el derecho de conocer y usar el castellano.

**3. La Constitución Española reconoce y garantiza el derecho a la autonomía:**

a) De las nacionalidades que la integran.
b) De las regiones que la integran.
c) De las Comunidades Autónomas que la integran.
d) De las nacionalidades y regiones que la integran.

**4. El Preámbulo de la Constitución:**

a) Tiene en sí carácter de norma jurídica.
b) Es una declaración de intenciones, destinada a interpretar lo que se quiere alcanzar con el contenido normativo de la Constitución.

c) Se trata de un texto sin fuerza jurídica de obligar.
d) Las respuestas b) y c) son correctas.

**5. Señala la afirmación correcta, respecto de la aprobación, ratificación y publicación de la Constitución Española:**

a) Aprobada por las Cortes el 31 de octubre de 1978, ratificada por el pueblo en referéndum el 6 de diciembre de 1978 y publicada el 29 de diciembre de 1978.
b) Aprobada por las Cortes el 30 de octubre de 1978, ratificada por el pueblo en referéndum el 16 de diciembre de 1978 y publicada el 27 de diciembre de 1978.
c) Aprobada por las Cortes el 31 de octubre de 1978, ratificada por el pueblo en referéndum el 16 de diciembre de 1978 y publicada el 29 de diciembre de 1978.
d) Aprobada por las Cortes el 10 de octubre de 1978, ratificada por el pueblo en referéndum el 26 de diciembre de 1978 y publicada el 30 de diciembre de 1978.

**6. ¿En qué parte de la Carta Magna se establece la exposición de motivos que impulsan la norma constitucional y los objetivos que con ella se pretenden alcanzar?**

a) En el Título preliminar.
b) En el Preámbulo.
c) En el Título I.
d) En el Título II.

**7. La Constitución Española fue sancionada por:**

a) El Rey.
b) El Presidente del Congreso.
c) Las Cortes Generales.
d) El Presidente del Gobierno.

**8. ¿Cuáles de los siguientes españoles de origen pueden ser privados de su nacionalidad?**

a) Exclusivamente los miembros de grupos terroristas.
b) Los miembros de grupos terroristas y los que atenten contra el Rey u otro miembro de la Casa Real.
c) Los que atenten contra un miembro de la Familia Real o del Gobierno de la Nación.
d) Ningún español de origen podrá ser privado de su nacionalidad.

**9. Según la CE son fundamentos del orden político y la paz social:**

a) La dignidad de la persona, los derechos violables que les son inherentes y el respeto a la ley.
b) La dignidad de la persona, el desarrollo limitado de la personalidad y el respeto a la ley.

c) El respeto a la ley, a los reglamentos administrativos y demás disposiciones legales.

d) La dignidad de la persona, los derechos inviolables que le son inherentes, el libre desarrollo de su personalidad, el respeto a la ley y a los derechos de los demás.

**10. ¿Cuál de los siguientes es considerado por la CE como uno de los valores superiores del ordenamiento jurídico?**

a) La jerarquía normativa.
b) El pluralismo político.
c) La publicidad normativa.
d) La equidad.

**11. La forma política del Estado español es:**

a) Democracia parlamentaria.
b) Gobierno parlamentario.
c) Monarquía parlamentaria.
d) República democrática.

**12. La parte de la CE que regula la estructura de los principales órganos del Estado recibe el nombre de:**

a) Parte dogmática.
b) Parte orgánica.
c) Parte estatal.
d) Parte estructural.

**13. Según la CE, la soberanía nacional:**

a) Corresponde a las Cortes Generales, al estar compuestas por los representantes del pueblo.
b) Corresponde al Rey.
c) Reside en el pueblo español.
d) Corresponde al Gobierno de la Nación elegido directamente por el pueblo.

**14. El derecho a la propiedad en nuestra Constitución es un Derecho:**

a) Inherente a la condición humana.
b) Absoluto.
c) Limitado por la función social de la misma.
d) Ninguna de las respuestas anteriores es correcta.

**15. ¿En qué parte de la Carta Magna se señalan los valores superiores del ordenamiento jurídico?**

a) En el Preámbulo.
b) En el Título Preliminar.

c) En el Título I.

d) Ninguna respuesta es correcta.

**16. ¿Cuál de las siguientes es una de las características de nuestra Constitución de 1978?**

a) Consensuada.

b) Corta.

c) Conservadora.

d) Originalidad.

**17. Son el fundamento del orden político y de la paz social:**

a) El libre desarrollo de la personalidad.

b) Los derechos inviolables que les son inherentes.

c) El respeto a la ley y a los derechos de los demás.

d) Todas las respuestas son correctas.

**18. ¿Qué quedará excluido de extradición?**

a) Los delitos criminales.

b) Los delitos políticos.

c) Los actos de terrorismo.

d) Ninguno.

**19. ¿Qué debe ser democrático, a tenor de lo dispuesto en la Constitución Española, en los sindicatos de trabajadores y las asociaciones empresariales?**

a) Su funcionamiento.

b) Su estructura interna.

c) Su funcionamiento y estructura interna.

d) Sus órganos asamblearios.

**20. ¿De cuántos Capítulos consta el Título I de la CE de 1978?**

a) De tres.

b) De cinco.

c) De dos.

d) De cuatro.

**21. Dispone la Carta Magna que todos contribuirán al sostenimiento de los gastos públicos de acuerdo con su capacidad económica mediante un sistema tributario justo inspirado en los principios de:**

a) Legalidad y equidad.

b) Igualdad y progresividad.

c) Publicidad y legalidad.
d) Eficacia y sostenibilidad.

**22. Las primeras elecciones democráticas celebradas en España tras la muerte de Franco tuvieron lugar en:**

a) 1975.
b) 1976.
c) 1977.
d) 1978.

**23. El referéndum en el que se aprobó popularmente la Constitución se llevó a efecto el:**

a) 27 de diciembre de 1978.
b) 6 de diciembre de 1978.
c) 31 de octubre de 1978.
d) 29 de diciembre de 1979.

**24. La ponencia encargada de redactar el borrador de la Constitución se constituyó en el:**

a) Senado.
b) Senado y Congreso de los Diputados.
c) Congreso de los Diputados.
d) Gobierno de la Nación.

**25. Si un poder público, en su actuación, infringe lo dispuesto en el Preámbulo de la Constitución:**

a) Incurre en nulidad.
b) Incurre en inconstitucionalidad.
c) No pasa nada salvo que, como consecuencia de esa actuación, se infrinja un artículo de la propia Constitución.
d) Nada de lo anterior es cierto.

**26. El principio en virtud del cual el ciudadano está amparado por una legislación no sujeta a continuos vaivenes es el de:**

a) Legalidad.
b) Publicidad normativa.
c) Seguridad jurídica.
d) Jerarquía normativa.

**27. El principio en virtud del cual un Reglamento no puede contradecir una ley es el de:**

a) Legalidad.
b) Jerarquía normativa.
c) Las respuestas a) y b) son correctas.
d) Seguridad jurídica.

**28. Según la Constitución, una norma que imponga una nueva pena más leve para un delito:**

a) No se aplica retroactivamente.
b) Puede aplicarse retroactivamente.
c) Ha de ser reglamentaria.
d) Atenta contra el principio de legalidad penal si se aplica retroactivamente.

**29. Todos los españoles, respecto al castellano, tienen el:**

a) Derecho-deber de conocerlo.
b) Derecho de usar y deber de conocerlo.
c) Derecho-deber de usarlo.
d) Nada de lo anterior.

**30. La capital del Estado en España es:**

a) La propia de cada Comunidad Autónoma.
b) La villa de Madrid.
c) Aquella donde se establezca en cada momento el Gobierno de la Nación.
d) Aquella en la que resida generalmente el Rey.

**31. Las Comunidades Autónomas deben usar o instalar la bandera española:**

a) En sus edificios.
b) En los actos oficiales.
c) Cuando lo solicite el Delegado del Gobierno de la Nación en las mismas.
d) Cuando lo estimen oportuno.

**32. Deben tener una estructura interna y un funcionamiento democrático los/las:**

a) Partidos Políticos.
b) Colegios Profesionales.
c) Organizaciones Profesionales.
d) Todos ellos.

**33. La defensa de la integridad territorial de España se atribuye por la Constitución a/al/a las:**

a) Fuerzas y Cuerpos de Seguridad.
b) Fuerzas Armadas.
c) Gobierno de la Nación.
d) Todas las anteriores.

**34. El derecho a la vida se consagra en el siguiente artículo de la Constitución:**

a) 10.
b) 16.
c) 15.
d) 24.

**35. La pena de muerte en España:**

a) Ha quedado abolida.
b) Puede aplicarse en cualquier momento.
c) Solo se aplicará, en tiempo de guerra, a los militares.
d) Rige solo en el ámbito civil.

**36. La inmediata puesta a disposición judicial derivada del *habeas corpus*, se produce por:**

a) Detención ilegal.
b) Prisión ilegal.
c) Prisión preventiva.
d) Detención preventiva.

**37. El proceso en el que se enjuicie a un presunto delincuente debe:**

a) Ser sumario.
b) No dilatarse.
c) Entorpecer los instrumentos probatorios.
d) Nada de lo anterior es cierto.

**38. La entrada en un domicilio en caso de flagrante delito, sin autorización de su titular:**

a) Puede dar lugar a la aplicación del habeas corpus.
b) Requiere autorización previa de la autoridad judicial.
c) Puede efectuarse en todo momento.
d) No puede realizarse en momento alguno.

**39. Cuando, al conocerse la comisión de un delito por una persona, se acude a su domicilio para detenerla:**

a) Está obligada a franquear la entrada.
b) Se necesitará autorización judicial para entrar, si no da su consentimiento para ello.
c) Pese a que no dé su consentimiento, se puede entrar.
d) Nada de lo anterior es correcto.

**40. La autorización previa para celebrar una manifestación pública:**

a) La da el Subdelegado del Gobierno en la Provincia.
b) Es ineludible.
c) Sería inconstitucional.
d) Se da cuando no se prevean alteraciones al orden público, con peligro para personas o bienes.

**41. El tipo de sufragio que consagra la Constitución es el:**

a) Proporcional.
b) Universal.
c) Censitario.
d) Las respuestas a) y b) son correctas.

**42. Además de la no autoinculpación, la Constitución prevé que no se está obligado a declarar sobre un hecho presuntamente delictivo en caso de:**

a) Parentesco y afinidad.
b) Cláusula de conciencia.
c) Secreto profesional.
d) Las respuestas a) y b) son correctas.

**43. Una vez declarado el estado de excepción no se puede suspender el derecho/libertad de:**

a) Huelga.
b) Enseñanza.
c) Adopción de medidas de conflicto colectivo.
d) Libertad de circulación.

**44. Durante el estado de excepción, un detenido conserva el derecho de/a:**

a) Setenta y dos horas para ser puesto a disposición judicial.
b) Secreto de comunicaciones.
c) Asistencia de Letrado.
d) Ninguno de ellos.

**45. Se puede suspender, con motivo de investigaciones relativas a bandas arma-das, el derecho de:**

a) Huelga.
b) Inviolabilidad del domicilio.
c) Libertad de circulación.
d) Las respuestas b) y c) son correctas.

**46. Señala la respuesta incorrecta respecto al Tribunal Constitucional:**

a) Se organiza a través de las figuras del Presidente, el Pleno, las Salas y las Secciones.
b) El Presidente, será nombrado entre sus miembros por el Rey, a propuesta del mismo Tribunal en Pleno y por un período de tres años.
c) El Pleno lo preside el Presidente del Tribunal y, en su defecto, el Vicepresidente y, a falta de ambos, el Magistrado de mayor edad.
d) La distribución de asuntos entre las Salas del Tribunal se efectuará según un turno establecido por el Pleno a propuesta de su Presidente.

**47. ¿De cuántos miembros se compone el Tribunal Constitucional?**

a) De cinco.
b) De diez.
c) De doce.
d) De quince.

**48. La propuesta de los miembros del Tribunal Constitucional realizada por el Congreso se realiza con la aprobación:**

a) Por mayoría de tres quintos de sus miembros.
b) Por mayoría simple de sus miembros.
c) Por mayoría absoluta de sus miembros.
d) Por mayoría de cuatro quintos de sus miembros.

**49. ¿Cuál de los siguientes profesionales no es citado directamente para ser miembro del Tribunal Constitucional, con base en el artículo 159.2?**

a) Magistrados y Fiscales.
b) Abogados del Estado.
c) Profesores de Universidad.
d) Abogados.

**50. La renovación de los miembros del Tribunal Constitucional se realiza de la siguiente manera:**

a) Se renovarán por terceras partes cada tres años.
b) Se renovarán por mitades cada tres años.

c) Se renovarán completamente cada tres años.
d) Se renovarán por terceras partes cada seis años.

**51. Los miembros del Tribunal Constitucional:**

a) Serán independientes, pero no inamovibles en el ejercicio de su mandato.
b) Serán inamovibles, pero no independientes en el ejercicio de su mandato.
c) Serán independientes e inamovibles en el ejercicio de su mandato.
d) No serán ni independientes ni inamovibles en el ejercicio de su mandato.

**52. En base al artículo 161.2 de la Constitución Española, podrá impugnar ante el Tribunal Constitucional las disposiciones y resoluciones adoptadas por los órganos de las Comunidades Autónomas:**

a) El Parlamento.
b) Las Cortes Generales.
c) Cualquier gobierno autonómico.
d) El Gobierno.

**53. Indica la respuesta correcta. Están legitimados para interponer el recurso de amparo:**

a) El Abogado del Estado.
b) Toda persona natural, pero no jurídica.
c) El Defensor del Pueblo.
d) El Presidente de la Cámara Baja.

**54. Según el artículo 164.1 de la Constitución Española, contra las sentencias del Tribunal Constitucional:**

a) No cabe recurso alguno.
b) Cabe recurso ante el Tribunal Supremo.
c) Cabe recurso ante el mismo Tribunal Constitucional.
d) Cabe recurso ante el Consejo General del Poder Judicial.

**55. Puede instar la reforma de la Constitución el/los/las:**

a) Asambleas Legislativas de las Comunidades Autónomas.
b) Presidente del Gobierno de la Nación.
c) Consejos de Gobierno de las Comunidades Autónomas.
d) Ninguno de los anteriores.

**56. No puede instar la reforma de la Constitución el/los:**

a) Presidente del Gobierno de la Nación.
b) Gobierno de la Nación.

c) Congreso de los Diputados.
d) Parlamentos autonómicos.

**57. En el procedimiento ordinario de reforma constitucional, el referéndum es:**

a) Obligatorio en todo caso.
b) Preceptivo cuando se solicite por una décima parte de los Diputados o Senadores, dentro de los quince días siguientes a la aprobación de la reforma.
c) Voluntario en cualquier caso.
d) Improcedente.

**58. La disolución de las Cortes Generales, cuando se va a proceder a la reforma de la Constitución, se produce en caso de:**

a) Reforma por el procedimiento excepcional.
b) Reforma por el procedimiento ordinario.
c) Cualquier tipo de reforma.
d) Que así lo estime oportuno el Rey.

**59. No puede iniciarse la reforma constitucional en:**

a) Tiempo de guerra.
b) El supuesto de que el Rey no lo estime oportuno.
c) Un período extraordinario de sesiones de las Cámaras.
d) Se puede efectuar en los tres supuestos anteriores.

**60. En el procedimiento general de reforma constitucional, en principio, el proyecto de reforma debe ser aprobado por:**

a) El Congreso de los Diputados por mayoría de dos tercios.
b) El Congreso de los Diputados y el Senado por mayoría de tres quintos.
c) Ambas Cámaras, por mayoría absoluta.
d) Una Comisión Paritaria.

# Solución al test n.º 1

**1.** b) En la indisoluble unidad de la Nación española.

**2.** c) Tienen el deber de conocer y el derecho de usar el castellano.

**3.** d) De las nacionalidades y regiones que la integran.

**4.** d) Las respuestas b) y c) son correctas.

**5.** a) Aprobada por las Cortes el 31 de octubre de 1978, ratificada por el pueblo en referéndum el 6 de diciembre de 1978 y publicada el 29 de diciembre de 1978.

**6.** b) En el Preámbulo.

**7.** a) El Rey.

**8.** d) Ningún español de origen podrá ser privado de su nacionalidad.

**9.** d) La dignidad de la persona, los derechos inviolables que le son inherentes, el libre desarrollo de su personalidad, el respeto a la ley y a los derechos de los demás.

**10.** b) El pluralismo político.

**11.** c) Monarquía parlamentaria.

**12.** b) Parte orgánica.

**13.** c) Reside en el pueblo español.

**14.** c) Limitado por la función social de la misma.

**15.** b) En el Título Preliminar.

**16.** a) Consensuada.

**17.** d) Todas las respuestas son correctas.

**18.** b) Los delitos políticos.

**19.** c) Su funcionamiento y estructura interna.

**20.** b) De cinco.

**21.** b) Igualdad y progresividad.

**22.** c) 1977.

**23.** b) 6 de diciembre de 1978.

**24.** c) Congreso de los Diputados.

**25.** c) No pasa nada, salvo que, como consecuencia de esa actuación, se infrinja un artículo de la propia Constitución.

**26.** c) Seguridad jurídica.

**27.** c) Las respuestas a) y b) son correctas.

**28.** b) Puede aplicarse retroactivamente.

**29.** b) Derecho de usar y deber de conocerlo.

**30.** b) La villa de Madrid.

**31.** b) En los actos oficiales.

**32.** d) Todos ellos.

**33.** b) Fuerzas Armadas.

**34.** c) 15.

**35.** a) Ha quedado abolida.

**36.** a) Detención ilegal.

**37.** b) No dilatarse.

**38.** c) Puede efectuarse en todo momento.

**39.** b) Se necesitará autorización judicial para entrar, si no da su consentimiento para ello.

**40.** c) Sería inconstitucional.

**41.** b) Universal.

**42.** c) Secreto profesional.

**43.** b) Enseñanza.

**44.** c) Asistencia de Letrado.

**45.** b) Inviolabilidad del domicilio.

**46.** c) El Pleno lo preside el Presidente del Tribunal y, en su defecto, el Vicepresidente y, a falta de ambos, el Magistrado de mayor edad.

**47.** c) De doce.

**48.** a) Por mayoría de tres quintos de sus miembros.

**49.** b) Abogados del Estado.

**50.** a) Se renovarán por terceras partes cada tres años.

**51.** c) Serán independientes e inamovibles en el ejercicio de su mandato.

**52.** d) El Gobierno.

**53.** c) El Defensor del Pueblo.

**54.** a) No cabe recurso alguno.

**55.** a) Asambleas Legislativas de las Comunidades Autónomas.

**56.** a) Presidente del Gobierno de la Nación.

**57.** b) Preceptivo cuando se solicite por una décima parte de los Diputados o Senadores, dentro de los quince días siguientes a la aprobación de la reforma.

**58.** a) Reforma por el procedimiento excepcional.

**59.** a) Tiempo de guerra.

**60.** b) El Congreso de los Diputados y el Senado por mayoría de tres quintos.

# TEST N.º 2

**La Constitución española (II). El Estado español como Monarquía parlamentaria. La Corona: Título II de la Constitución española. Las Cortes Generales: capítulo primero del Título III de la Constitución española. El Gobierno y la Administración: Título IV de la Constitución española. El Poder Judicial: Título VI de la Constitución española**

**1. Según la Constitución Española, arbitra y modera el funcionamiento regular de las instituciones:**

a) El Presidente del Gobierno.
b) El Rey.
c) El Estado.
d) Los tribunales de Justicia.

**2. Las abdicaciones y renuncias se resolverán:**

a) Por ley.
b) Por decreto ley.
c) Por decisión de las Cortes Generales.
d) Por ley orgánica.

**3. Si no hubiese a quien corresponda la Regencia, esta será nombrada por:**

a) Las Cortes Generales.
b) El Congreso de los Diputados.
c) El Senado.
d) El Gobierno.

**4. No necesita de refrendo:**

a) Declarar la guerra y hacer la paz.
b) Expedir los decretos acordados en Consejo de Ministros.

c) Nombrar y relevar a los miembros civiles y militares de la Casa Real.
d) Todos los actos del Rey necesitan refrendo.

**5. ¿A quién corresponde manifestar el consentimiento del Estado para obligarse por medio de tratados?**

a) Al Rey.
b) Al Gobierno.
c) Al Estado.
d) Al Presidente del Gobierno.

**6. Según el art. 59.5 de la Carta Magna, la Regencia se ejercerá:**

a) Por mandato constitucional y en nombre del pueblo español.
b) Por mandato constitucional y en nombre de las Cortes Generales.
c) Por mandato constitucional y en nombre de la soberanía popular.
d) Por mandato constitucional y en nombre del Rey.

**7. La asunción de funciones constitucionales por la Reina consorte:**

a) Está prevista como regla general.
b) Depende de la voluntad del Rey.
c) Está prohibida.
d) Está limitada.

**8. La tutoría del Rey puede recaer en:**

a) Cualquier persona nombrada por las Cortes Generales, en su caso.
b) Sus hijos.
c) Una, tres o cinco personas.
d) Nada de lo anterior es cierto.

**9. Una hija del Príncipe de Asturias ostentará este tratamiento:**

a) Cuando su padre acceda a la condición de Rey, si es la primogénita, aunque tenga hermanos varones.
b) Al morir su padre.
c) Al acceder a Rey su padre, si no tiene hermano varón.
d) Cuando delegue en ella el propio Príncipe.

**10. La Regencia se ejerce:**

a) Por mandato del Rey.
b) En nombre de este.
c) Por mandato constitucional.
d) Las respuestas b) y c) son correctas.

**11. La dirección de la defensa del Estado es competencia genuina del/de las:**

a) Rey.
b) Fuerzas Armadas.
c) Gobierno de la Nación.
d) Todos ellos.

**12. El refrendo de los actos del Rey está íntimamente relacionado con:**

a) Su irresponsabilidad política.
b) Su inhabilitación.
c) La Regencia.
d) Sus poderes discrecionales.

**13. En caso de que el Rey sea menor de edad:**

a) No tomará posesión de su cargo hasta su mayoría de edad.
b) Ejercerá la Regencia el Príncipe heredero.
c) Ejercerá la Regencia su cónyuge.
d) Nada de lo anterior es cierto.

**14. Si el Príncipe heredero tuviera descendientes y renunciara a sus derechos al trono:**

a) Su cónyuge ejercería la Regencia hasta que su primogénito varón fuere mayor de edad.
b) Su cónyuge ejercería la Regencia hasta que dicho primogénito fuera proclamado Rey.
c) Se nombraría Princesa heredera a su hermana mayor, si la hubiere.
d) Nada de lo anterior es cierto.

**15. La presidencia por el Rey de las reuniones del Consejo de Ministros:**

a) Se permite solo respecto de las decisorias.
b) Ha de efectuarse a petición del Presidente del Gobierno de la Nación.
c) Está prevista constitucionalmente para dirigir la Administración Civil y Militar.
d) Las respuestas a) y b) son ciertas.

**16. El juramento lo prestará el Rey ante el/las:**

a) Cortes Generales.
b) Gobierno de la Nación.
c) Miembros de la Familia Real.
d) Pueblo español.

**17. Si se agotan todas las líneas llamadas a la sucesión en la Corona de España, se:**

a) Nombran Regentes.
b) Proveerá a la sucesión en la Corona por las Cortes Generales.

c) Proclama la República.

d) Establece una Dictadura.

**18. La inhabilitación del Rey se reconoce por el/los/las:**

a) Gobierno de la Nación.

b) Congreso de los Diputados.

c) Cortes Generales.

d) Tres Poderes constitucionales.

**19. El Regente nombrado en defecto de padre, madre, pariente mayor de edad o Príncipe heredero mayor de edad se designa por el/las:**

a) Propio Rey.

b) Cortes Generales.

c) Congreso de los Diputados.

d) Consejo de Regencia.

**20. ¿Quién proveerá a la sucesión en la Corona en la forma que más convenga a los intereses de España cuando estén extinguidas todas las líneas llamadas en Derecho?**

a) El Presidente del Gobierno.

b) El Senado.

c) El Congreso de los Diputados.

d) Las Cortes Generales.

**21. Si no hubiere ninguna persona a quien corresponda la Regencia, esta será nombrada por las Cortes Generales, y se compondrá de:**

a) Una única persona.

b) Una o dos personas.

c) Una, tres o cinco personas.

d) De tres a seis personas.

**22. ¿De qué plazo dispone el Rey para sancionar las leyes aprobadas por las Cortes Generales?**

a) Lo más rápido posible, con un máximo de 48 horas.

b) Un semana.

c) Quince días.

d) Un mes.

**23. ¿Qué Título de nuestra CE se dedica a la Corona?**

a) El Título III.

b) El Título IV.

c) El Título I.
d) El Título II.

**24. Las Cámaras se reúnen en sesiones:**

a) Ordinarias y extraordinarias.
b) Simples o conjuntas.
c) Ordinarias, extraordinarias y conjuntas.
d) Ordinarias, extraordinarias y de urgencia.

**25. Para adoptar acuerdos, las Cámaras deben estar reunidas reglamentaria-mente y con asistencia de la mayoría de sus miembros. Dichos acuerdos, para ser válidos, deberán ser aprobados:**

a) Por la mayoría de los miembros presentes.
b) Por mayoría absoluta de sus miembros.
c) Por los 3/5 de cada una de las Cámaras.
d) Por los 2/3 del conjunto de las Cámaras.

**26. ¿En qué plazo deberá ser convocado el Congreso electo tras la celebración de elecciones?**

a) Entre los 30 y 60 días siguientes.
b) Dentro de los 25 días siguientes.
c) Entre los 10 y 30 días siguientes.
d) Dentro de los 30 días siguientes.

**27. En las causas contra Diputados y Senadores será competente:**

a) La Sala de lo Civil del Tribunal Supremo.
b) La Sala de lo Social del Tribunal Supremo.
c) La Sala de lo Contencioso-Administrativo del Tribunal Supremo.
d) La Sala de lo Penal del Tribunal Supremo.

**28. Las Diputaciones Permanentes estarán presididas por:**

a) El diputado de mayor edad.
b) El diputado del grupo parlamentario más numeroso.
c) El Presidente del Gobierno.
d) El Presidente de la Cámara respectiva.

**29. ¿Cuántos Senadores corresponderán a Menorca?**

a) 1.
b) 2.

c) 3.

d) 4.

**30. Las sesiones conjuntas del Senado y del Congreso serán presididas:**

a) Por el Rey.

b) Por el Presidente del Gobierno.

c) Por el Presidente del Congreso.

d) Por el Presidente del Senado.

**31. Los Senadores por provincias se elegirán por:**

a) Sufragio universal, libre, igual, directo y secreto.

b) Sufragio directo, libre, igual, directo y secreto.

c) Sufragio internacional, directo, igual y secreto.

d) Sufragio universal, libre, secreto, igual y secreto.

**32. Para que un Diputado o Senador pueda ser inculpado o procesado será requisito indispensable:**

a) Que así lo determine el Tribunal Supremo.

b) Que así lo determine el Tribunal Constitucional.

c) Que así lo determine la Audiencia Nacional.

d) Que así lo autorice su respectiva Cámara.

**33. Señala la respuesta correcta:**

a) El Congreso de los Diputados es la Cámara de representación territorial.

b) Las poblaciones de Ceuta y Melilla elegirán cada una de ellas un Senador.

c) Son electores y elegibles todos los españoles que estén en pleno uso de sus derechos políticos.

d) El art. 68 de la Carta Magna dispone que el Congreso se compone de un mínimo de 350 y un máximo de 400 Diputados.

**34. El número mínimo de Diputados previstos para el Congreso de los Diputados es de:**

a) 250.

b) 300.

c) 400.

d) 350.

**35. No es incompatible para ser elegido Diputado del Congreso de los Diputados un:**

a) Militar en activo.

b) Miembro de una Junta Electoral.

c) Juez.
d) Ministro.

**36. La Palma elige los siguientes Senadores:**

a) Ninguno.
b) Dos.
c) Uno.
d) Cuatro.

**37. La declaración del estado de sitio debe hacerla el/las:**

a) Gobierno de la Nación.
b) Rey.
c) Congreso de los Diputados.
d) Presidente del Gobierno de la Nación.

**38. El Presidente de la Diputación Permanente del Congreso de los Diputados es el:**

a) Del partido mayoritario.
b) Portavoz del partido con mayor número de escaños.
c) Presidente de la Cámara.
d) Elegido por los Portavoces de los Grupos Parlamentarios.

**39. El mínimo de miembros integrantes de una Comisión de Investigación según el artículo 76 de la Constitución es de:**

a) Veintiuno.
b) Mayoría simple.
c) Mayoría absoluta.
d) No se establece.

**40. No puede solicitar la celebración de una sesión extraordinaria de las Cortes Generales el/la:**

a) Mayoría absoluta de sus miembros.
b) Diputación Permanente de ellas.
c) Mesa de cada Cámara.
d) Gobierno de la Nación.

**41. Según exige la Constitución Española, el Congreso de los Diputados otorga su confianza al candidato a la Presidencia del Gobierno:**

a) Por mayoría especial de 3/5 de sus miembros.
b) Por mayoría cualificada de 2/3 de sus miembros.

c) Por mayoría absoluta de sus miembros.
d) Por mayoría simple de sus miembros.

**42. El Rey propone al candidato a la Presidencia del Gobierno:**

a) Mediante Real Decreto.
b) A través del Presidente del Gobierno saliente.
c) A través del Presidente del Congreso.
d) Ninguna respuesta es correcta.

**43. La acusación de traición al Presidente y demás miembros del Gobierno en el ejercicio de sus funciones, puede ser planteada por:**

a) Cualquier ciudadano mediante la acción popular.
b) Las Cortes Generales.
c) La cuarta parte de los miembros del Congreso de los Diputados.
d) El Rey.

**44. Los miembros del Gobierno de la Nación serán nombrados por:**

a) El Presidente del Gobierno.
b) El Rey, a propuesta del Presidente del Gobierno.
c) El Presidente del Congreso.
d) La mayoría simple de los Diputados.

**45. El Presidente del Gobierno es elegido por:**

a) Las Cortes.
b) El Congreso de los Diputados.
c) El Rey.
d) Directamente por los electores.

**46. El Gobierno español es un órgano:**

a) Presidencialista.
b) Colegiado.
c) Unipersonal.
d) Cameralista.

**47. Según la Constitución, la Administración Pública ha de actuar de acuerdo con los principios de:**

a) Descentralización y desconcentración.
b) Unidad y variedad.
c) Coordinación y tutela.
d) Jerarquía y delegación.

**48. El control de la potestad reglamentaria del Gobierno corresponde:**

a) Al Congreso.
b) Al Senado.
c) Al Tribunal de Cuentas.
d) A los Tribunales según la materia.

**49. La prerrogativa real de gracia no será aplicable a:**

a) Los Ministros.
b) Los Secretarios de Estado.
c) Los Subsecretarios.
d) Podrá aplicarse a todos los anteriores.

**50. Según la Constitución, ¿cuál de los siguientes órganos dirige la defensa del Estado?**

a) El Rey.
b) La Junta de Defensa Nacional.
c) El Ministerio de Defensa.
d) El Gobierno.

**51. No corresponde al Gobierno:**

a) Aprobar los presupuestos Generales del Estado.
b) Dirigir la Defensa Nacional.
c) Ejercer la Potestad Reglamentaria.
d) Dirigir la Administración Militar.

**52. Los Ministros son propuestos por:**

a) El Rey.
b) El Presidente del Gobierno.
c) El Consejo de Ministros.
d) El Congreso de los Diputados.

**53. El Gobierno se compone, según la Constitución, de:**

a) El Presidente y los Ministros.
b) El Presidente, los Vicepresidentes en su caso, los Ministros y los demás miembros que establezca la Ley.
c) El Presidente, el Vicepresidente, los Ministros y los Subsecretarios.
d) Votación en el Congreso de los Diputados.

**54. Indica cuál de los actos que se enumeran no forma parte del proceso de designación del Presidente del Gobierno:**

a) Consultas previas del Rey con los representantes de los partidos con representación parlamentaria.

b) Exposición por el candidato de su programa al Congreso y votación de confianza por mayoría absoluta.

c) Ratificación de la confianza por el Senado.

d) Votación en el Congreso de los Diputados.

**55. Según la Constitución, dirigir la Administración Militar es función del:**

a) El Gobierno y las Cortes.

b) El Parlamento.

c) El Gobierno.

d) No lo determina.

**56. La responsabilidad criminal de un Ministro es exigible ante:**

a) Los Tribunales Superiores de Justicia.

b) Cualquier Sala del Tribunal Supremo.

c) La Sala de lo Penal del Tribunal Supremo.

d) La Audiencia Nacional, con jurisdicción en todo el territorio nacional.

**57. La acusación por traición de cualquier miembro del Gobierno exige:**

a) La aprobación, por mayoría simple, del Senado.

b) La aprobación del Congreso, ratificada por el Senado.

c) La aprobación, por mayoría simple, del Congreso.

d) La aprobación, por mayoría absoluta, del Congreso.

**58. Según la Constitución, coordinar las funciones de todos los miembros del Gobierno, es misión de:**

a) El Consejo de Ministros.

b) El Jefe de Estado.

c) El Presidente del Gobierno.

d) La Secretaría de Estado para la coordinación política.

**59. ¿La Administración Pública actúa –entre otros– de acuerdo con el principio de jerarquía?**

a) Sí.

b) No.

c) Sólo la Administración Local.

d) Sólo la Administración Autonómica.

**60. ¿Cuál de estos principios no establece la Constitución con respecto a la actuación de la Administración?**

a) Eficacia.

b) Coordinación.

c) División del trabajo.

d) Descentralización.

**61. La justicia se administra en nombre del:**

a) Juez o Tribunal que la imparta.

b) Pueblo español.

c) Rey.

d) Justiciable.

**62. El titular de la Justicia es el/los:**

a) Poder Judicial.

b) Rey.

c) Pueblo soberano.

d) Jueces y Tribunales.

**63. El artículo 117 de la Constitución no incluye como característica de los Jueces y Magistrados la:**

a) Independencia.

b) Responsabilidad.

c) Inamovilidad.

d) Incluye a todas ellas.

**64. Según la Constitución, el procedimiento en el ámbito de la administración de justicia debe ser:**

a) Gratuito siempre.

b) Predominantemente oral.

c) En audiencia pública.

d) Motivado.

**65. La cúspide de la jurisdicción en España la ostenta el:**

a) Consejo General del Poder Judicial.

b) Ministerio Fiscal.

c) Tribunal Constitucional.

d) Tribunal Supremo.

**66. Según el 124 CE, ¿cuál de las siguientes no es una función del Ministerio Fiscal?**

a) Promover la acción de la justicia en defensa de la legalidad.

b) Defensa de los derechos de los ciudadanos.

c) Defensa del interés privado tutelado por la ley.

d) Procurar ante estos la satisfacción del interés social.

# Solución al test n.º 2

**1.** b) El Rey.

**2.** d) Por ley orgánica.

**3.** a) Las Cortes Generales.

**4.** c) Nombrar y relevar a los miembros civiles y militares de la Casa Real.

**5.** a) Al Rey.

**6.** d) Por mandato constitucional y en nombre del Rey.

**7.** d) Está limitada.

**8.** a) Cualquier persona nombrada por las Cortes, en su caso.

**9.** c) Al acceder a Rey su padre, si no tiene hermano varón.

**10.** d) Las respuestas b) y c) son correctas.

**11.** c) Gobierno de la Nación.

**12.** a) Su irresponsabilidad política.

**13.** d) Nada de lo anterior es cierto.

**14.** c) Se nombraría Princesa heredera a su hermana mayor, si la hubiere.

**15.** b) Ha de efectuarse a petición del Presidente del Gobierno de la Nación.

**16.** a) Cortes Generales.

**17.** b) Proveerá a la sucesión en la Corona por las Cortes Generales.

**18.** c) Cortes Generales.

**19.** b) Cortes Generales.

**20.** d) Las Cortes Generales.

**21.** c) Una, tres o cinco personas.

**22.** c) Quince días.

**23.** d) El Título II.

**24.** c) Ordinarias, Extraordinarias y Conjuntas.

**25.** a) Por la mayoría de los miembros presentes.

**26.** b) Dentro de los 25 días siguientes.

**27.** d) La Sala de lo Penal del Tribunal Supremo.

**28.** d) El Presidente de la Cámara respectiva.

**29.** a) 1.

**30.** c) Por el Presidente del Congreso.

**31.** a) Sufragio universal, libre, igual, directo y secreto.

**32.** d) Que así lo autorice su respectiva Cámara.

**33.** c) Son electores y elegibles todos los españoles que estén en pleno uso de sus derechos políticos.

**34.** b) 300.

**35.** d) Ministro.

**36.** c) Uno.

**37.** c) Congreso de los Diputados.

**38.** c) Presidente de la Cámara.

**39.** d) No se establece.

**40.** c) Mesa de cada Cámara.

PARTE I. TEST N.º 2

**41.** c) Por mayoría absoluta de sus miembros.

**42.** c) A través del Presidente del Congreso.

**43.** c) La cuarta parte de los miembros del Congreso de los Diputados.

**44.** b) El Rey, a propuesta del Presidente del Gobierno.

**45.** b) El Congreso de los Diputados.

**46.** b) Colegiado.

**47.** a) Descentralización y desconcentración.

**48.** d) A los Tribunales según la materia.

**49.** a) Los Ministros.

**50.** d) El Gobierno.

**51.** a) Aprobar los presupuestos Generales del Estado.

**52.** b) El Presidente del Gobierno.

**53.** b) El Presidente, los Vicepresidentes en su caso, los Ministros y los demás miembros que establezca la Ley.

**54.** c) Ratificación de la confianza por el Senado.

**55.** c) El Gobierno.

**56.** c) La Sala de lo Penal del Tribunal Supremo.

**57.** d) La aprobación, por mayoría absoluta, del Congreso.

**58.** c) El Presidente del Gobierno.

**59.** a) Sí.

**60.** c) División del trabajo.

**61.** c) Rey.

**62.** c) Pueblo soberano.

**63.** d) Incluye a todas ellas.

**64.** b) Predominantemente oral.

**65.** d) Tribunal Supremo.

**66.** c) Defensa del interés privado tutelado por la ley.

# TEST N.º 3

## La Constitución española (III). El Estado español como Estado compuesto. La organización territorial del Estado: Título VIII de la Constitución española

**1. Según la Constitución, las entidades que forman parte de la organización territorial del Estado tienen la nota común de:**

a) Autogobierno.
b) Independencia.
c) Autonomía.
d) Financiación propia.

**2. La titularidad de la soberanía española radica en el/las:**

a) Cortes Generales como representantes del pueblo español.
b) Rey como Jefe del Estado.
c) Pueblo mismo.
d) Nacionalidades y regiones que integran España.

**3. No pueden constituirse en Comunidades Autónomas los territorios:**

a) Que no estén integrados en la organización provincial.
b) Que, no siendo superiores a una provincia, tengan entidad regional histórica.
c) Que, no siendo superiores a una provincia, no tengan entidad regional histórica.
d) Interinsulares.

**4. La vía ordinaria de acceso a la autonomía por el artículo 143 de la Constitución se sigue por los/las:**

a) Provincias con entidad regional histórica.
b) Territorios que en el pasado hubieren plebiscitado afirmativamente proyecto de Estatuto de Autonomía.
c) Provincia sin entidad regional histórica directamente.
d) Supuestos especiales de Ceuta, Melilla y Gibraltar.

**5. Entre las determinaciones de los Estatutos de Autonomía no es necesario incluir la:**

a) Delimitación de su territorio.
b) Denominación de las instituciones autónomas propias.
c) Denominación de la Comunidad.
d) Denominación, organización y sede de sus instituciones administrativas.

**6. En las Comunidades Autónomas que siguen la vía común, el Proyecto de Estatuto será elaborado por la/los:**

a) Asamblea de Parlamentarios que se constituye al efecto.
b) Comisión Constitucional del Congreso de los Diputados.
c) Diputación Provincial correspondiente.
d) Miembros de la Diputación u órgano interinsular y por los Diputados y Senadores elegidos por ellas.

**7. El voto de ratificación por los Plenos del Senado y del Congreso de los Diputados se dará en el/las:**

a) Comunidades Autónomas que siguen la vía común.
b) Comunidades Autónomas que siguen la vía especial.
c) Acceso a la autonomía de Ceuta y Melilla.
d) Acceso a la autonomía de Gibraltar.

**8. La responsabilidad política del Presidente de una Comunidad Autónoma se exige por el/la:**

a) Sala de lo Penal del Tribunal Supremo.
b) Congreso de los Diputados.
c) Tribunal Superior de Justicia de la Comunidad Autónoma.
d) Asamblea Legislativa de la Comunidad Autónoma.

**9. La Asamblea Legislativa de las Comunidades Autónomas se elige:**

a) Con criterios de representación territorial.
b) Con criterios de representación proporcional.
c) Por sufragio individual.
d) Con criterios de representación provincial.

**10. El principio de coordinación con la Hacienda estatal se consigue por:**

a) El Fondo de Compensación Interterritorial.
b) Los preceptos de las sucesivas Leyes de Presupuestos Generales del Estado.
c) La creación del Consejo de Política Fiscal y Financiera de las Comunidades Autónomas.
d) Imperativo de la propia Constitución.

**11. Los Estatutos de Autonomía deberán contener el/la/las:**

a) Competencias que se dejan al Estado y las que asume la Comunidad.
b) Competencias que, en función de la Constitución, asume cada Comunidad Autónoma.
c) Desarrollo de la Administración Autonómica.
d) División provincial y órganos de gobierno.

**12. En la reforma de los Estatutos intervienen las Cortes Generales:**

a) Siempre.
b) Nunca.
c) Sólo cuando se trata de Comunidades Autónomas que accedieron por la vía común.
d) En las Comunidades Autónomas de vía especial exclusivamente.

**13. Los miembros de las Diputaciones u órganos interinsulares intervienen en la elaboración de los Estatutos de Autonomía:**

a) En todo caso.
b) Nunca.
c) En las Comunidades Autónomas de vía común.
d) En las Comunidades Autónomas de vía especial.

**14. Los Estatutos de Autonomía en la vía común se aprueban por el:**

a) Congreso de los Diputados mediante Ley Orgánica.
b) Congreso de los Diputados y Senado por Ley Orgánica.
c) Congreso de los Diputados y Senado por Ley ordinaria.
d) Parlamento Autonómico solamente.

**15. La más alta representación de una Comunidad Autónoma la ostenta el:**

a) Presidente del Parlamento Autonómico.
b) Presidente de la Comunidad Autónoma.
c) Rey.
d) Presidente del Gobierno de la Nación.

**16. La asunción de competencias y de mayor autonomía por las Comunidades Autónomas es, como regla general:**

a) Regresiva.
b) Progresiva.
c) Automática.
d) Inmediata.

**17. En la elaboración por la vía común de los Estatutos de Autonomía:**

a) No intervienen los Municipios afectados.
b) Intervendrán en todo caso.
c) Sólo intervienen las Diputaciones Provinciales u órganos interinsulares.
d) Sólo intervienen los Municipios y los Diputados y Senadores.

**18. El principio de solidaridad consagrado por el artículo 138 de la Constitución exige una atención especial a:**

a) Las Comunidades Autónomas de economía más deprimida.
b) Las Entidades locales de ámbito territorial inferior al municipal.
c) Todas las partes del territorio nacional.
d) Las Islas.

**19. La federación de Comunidades Autónomas, según la Constitución:**

a) Sólo se permite respecto de las limítrofes.
b) Requiere Ley Orgánica de las Cortes Generales.
c) Ha de efectuarse previa reforma de la propia Constitución.
d) Está absolutamente prohibida.

**20. No es elemento del Municipio el/la/las:**

a) Organización.
b) Territorio.
c) Competencias.
d) Población.

# Solución al test n.º 3

**1.** c) Autonomía.

**2.** c) Pueblo mismo.

**3.** d) Interinsulares.

**4.** a) Provincias con entidad regional histórica.

**5.** d) Denominación, organización y sede de sus instituciones administrativas.

**6.** d) Miembros de la Diputación u órgano interinsular y por los Diputados y Senadores elegidos por ellas.

**7.** b) Comunidades Autónomas que siguen la vía especial.

**8.** d) Asamblea Legislativa de la Comunidad Autónoma.

**9.** b) Con criterios de representación proporcional.

**10.** c) La creación del Consejo de Política Fiscal y Financiera de las Comunidades Autónomas.

**11.** b) Competencias que, en función de la Constitución, asume cada Comunidad Autónoma.

**12.** a) Siempre.

**13.** c) En las Comunidades Autónomas de vía común.

**14.** b) Congreso de los Diputados y Senado por Ley Orgánica.

**15.** b) Presidente de la Comunidad Autónoma.

**16.** b) Progresiva.

**17.** a) No intervienen los Municipios afectados.

**18.** d) Las Islas.

**19.** d) Está absolutamente prohibida.

**20.** c) Competencias.

# TEST N.º 4

**El Estatuto de Autonomía para Andalucía. La organización institucional de la Comunidad Autónoma: capítulos I, III, IV, VI y VII del Título IV del Estatuto de Autonomía. La organización territorial de la Comunidad Autónoma: Título III del Estatuto de Autonomía**

**1. En el escudo de Andalucía, a los pies de los leones, reza la siguiente leyenda:**

a) Dominator Hercules Fundador.
b) Andalucía por sí.
c) Andalucía por sí, para España y Europa.
d) Andalucía por sí, para España y la Humanidad.

**2. La bandera de Andalucía fue aprobada por:**

a) La Constitución de 1812.
b) La Asamblea de Ronda de 1918.
c) El Manifiesto de Córdoba.
d) La Asamblea de Córdoba.

**3. El día de Andalucía es el:**

a) 6 de diciembre.
b) 3 de marzo.
c) 28 de febrero.
d) 21 de febrero.

**4. El referéndum para la autonomía andaluza se celebró el día:**

a) 4 de diciembre de 1977.
b) 28 de febrero de 1978.
c) 28 de febrero de 1980.
d) 23 de febrero de 1981.

**5. ¿Qué procedimiento es más rápido para la elaboración de los Estatutos de las Comunidades Autónomas?**

a) El del artículo 4 de la Constitución.
b) El del artículo 151 de la Constitución.
c) El del artículo 143 de la Constitución.
d) El del artículo 158 de la Constitución.

**6. Iniciado el procedimiento para la elaboración de un Estatuto de Autonomía por la vía del artículo 151, y una vez el proyecto de Estatuto ha sido aprobado en cada provincia, ¿cuál es el trámite siguiente?**

a) Elevarlo al Gobierno de la Nación.
b) Someterlo a la sanción por el Rey.
c) Elevarlo a las Cortes Generales.
d) Elevarlo al Presidente del Gobierno para su aprobación.

**7. ¿Cuál es la norma institucional básica de cada Comunidad Autónoma?**

a) La Constitución Autonómica.
b) El Estatuto de Autonomía.
c) La Ley Orgánica que al respecto dicte cada Comunidad Autónoma.
d) Ninguna, pues se somete a todas y cada una de las leyes del Estado.

**8. La bandera de Andalucía está formada por:**

a) Tres franjas verticales –verde, blanca y verde– de igual anchura.
b) Dos franjas horizontales una verde y otra blanca.
c) Tres franjas horizontales –blanca, verde y blanca– de igual anchura.
d) Tres franjas horizontales –verde, blanca y verde– de igual anchura.

**9. ¿Cuál es la sede del Gobierno y del Parlamento Andaluz?**

a) La ciudad de Granada.
b) La ciudad de Málaga.
c) La ciudad de Sevilla.
d) La ciudad de Cádiz.

**10. ¿De cuántos Títulos consta el Estatuto de Autonomía para Andalucía?**

a) De seis.
b) De ocho.
c) De diez.
d) De once.

**11. Uno de los siguientes no es un objetivo básico de la Comunidad Autónoma de Andalucía:**

a) La formación de unas Fuerzas Armadas andaluzas.
b) La consecución del pleno empleo.
c) El afianzamiento de la conciencia de identidad y de la cultura andaluza.
d) La convergencia con el resto del Estado y de la Unión Europea.

**12. ¿Qué ciudad es la capital de Andalucía?**

a) Málaga.
b) Sevilla.
c) Granada.
d) Ronda.

**13. ¿A través de qué procedimiento constitucional consiguió Andalucía su autonomía?**

a) Del procedimiento del artículo 143.
b) Del procedimiento del artículo 146.
c) Del procedimiento del artículo 151.
d) Del procedimiento del artículo 160.

**14. ¿De cuántos artículos consta el Estatuto de Andalucía?**

a) De 155.
b) De 95.
c) De 200.
d) De 250.

**15. El Estatuto de Autonomía para Andalucía fue aprobado por:**

a) La Ley Orgánica 2/2007, de 19 de marzo.
b) El Real Decreto 400/1984, de 22 de febrero.
c) El Decreto 40/1984, del 29 de febrero.
d) La Ley Orgánica 4/1981, de 30 de noviembre.

**16. Los Poderes de la Comunidad Autónoma de Andalucía, según su Estatuto de Autonomía, emanan:**

a) Del Rey.
b) Del Presidente del Gobierno.
c) De la Constitución y el pueblo andaluz.
d) Del Gobierno de la Nación.

**17. La sede del Tribunal Superior de Justicia de Andalucía es la ciudad de:**

a) Sevilla.
b) Granada.
c) Cádiz.
d) Córdoba.

**18. ¿Cuántos tipos de procedimientos prevé la Constitución para que las Comunidades accedan a la autonomía?**

a) Tres.
b) Dos.
c) Uno.
d) Cuatro.

**19. Una de las siguientes es materia de exclusiva competencia de la Comunidad Autónoma de Andalucía:**

a) Comercio exterior.
b) Deuda del Estado.
c) La organización de sus instituciones de autogobierno.
d) Relaciones internacionales.

**20. Señala cuántas Consejerías existen actualmente:**

10.
12.
13.
15.

# Solución al test n.º 4

**1.** d) Andalucía por sí, para España y la Humanidad.

**2.** b) La Asamblea de Ronda de 1918.

**3.** c) 28 de febrero.

**4.** c) 28 de febrero de 1980.

**5.** b) El del artículo 151 de la Constitución.

**6.** c) Elevarlo a las Cortes Generales.

**7.** b) El Estatuto de Autonomía.

**8.** d) Tres franjas horizontales –verde, blanca y verde– de igual anchura.

**9.** c) La ciudad de Sevilla.

**10.** d) De once.

**11.** a) La formación de unas Fuerzas Armadas andaluzas.

**12.** b) Sevilla.

**13.** c) Del procedimiento del artículo 151.

**14.** d) De 250.

**15.** a) La Ley Orgánica 2/2007, de 19 de marzo.

**16.** c) De la Constitución y el pueblo andaluz.

**17.** b) Granada.

**18.** b) Dos.

**19.** c) La organización de sus instituciones de autogobierno.

**20. c)** 13.

# TEST N.º 5

**Tema 5. La Unión Europea. Relación de Estados miembros de la UE. Los valores y objetivos en que se fundamenta la UE: artículos 2 y 3 del Tratado de la UE. La libre circulación de mercancías, personas, servicios y capitales: artículos 28, 45, 49, 56 y 63 del Tratado de Funcionamiento de la UE. Principales instituciones de la UE: Parlamento Europeo: artículo 14 del Tratado de la UE; Consejo Europeo: artículo 15 del Tratado de la UE; Consejo: artículo 16 del Tratado de la UE; la Comisión Europea: artículo 17 del Tratado de la UE; el Tribunal de Justicia de la UE: artículo 19 del Tratado de la UE**

**1. ¿En qué fecha se produjo la adhesión de España a la Unión Europea?**

a) En 1 de enero de 1986.
b) En 1 de enero 1985.
c) En 15 de julio de 1986.
d En 12 de julio de 1986.

**2. La Unión tiene como finalidad promover:**

a) La paz, el desarrollo económico y el bienestar de sus pueblos.
b) La paz, abrir las fronteras, desarrollar sus valores y el bienestar de sus pueblos.
c) La paz, la igualdad, la justicia, sus valores y el bienestar de sus pueblos.
d) La paz, sus valores y el bienestar de sus pueblos.

**3. Unión se fundamenta en los valores de respeto de la:**

a) Dignidad humana, libertad, democracia, igualdad, paz social, el Estado de Derecho y respeto de los derechos humanos, incluidos los derechos de las personas pertenecientes a minorías.
b) Dignidad de las personas, justicia, libertad, democracia, igualdad, Estado de Derecho y respeto de los derechos humanos, incluidos los derechos de las personas pertenecientes a minorías.

c) Dignidad humana, libertad, democracia, igualdad, Estado de Derecho y respeto de los derechos humanos, incluidos los derechos de las personas pertenecientes a minorías.

d) Dignidad humana, libertad, democracia, igualdad, Estado social y de Derecho y respeto de los derechos humanos, incluidos los derechos de las personas menores de edad.

**4. La Unión perseguirá sus objetivos:**

a) A través de las Instituciones.

b) Por los medios apropiados, de acuerdo con las competencias que se le atribuyen en los Tratados.

c) Por los medios puestos por los Estados miembros, en función de las competencias exclusivas.

d) De manera coordinada, respetando la igualdad y los derechos de todos los ciudadanos.

**5. Quedará asegurada la libre circulación de los trabajadores dentro de la Unión. La libre circulación supondrá:**

a) El derecho de establecimiento de cualquier trabajador y en cualquier país.

b) La abolición de toda discriminación por razón de la nacionalidad entre los trabajadores de los Estados miembros, con respecto al empleo, la retribución y las demás condiciones de trabajo.

c) La abolición de toda discriminación por razón de la nacionalidad, opinión, ideología, entre los trabajadores de los Estados miembros, con respecto al empleo, la retribución y las demás condiciones de trabajo.

d) La abolición de toda discriminación por razón de la nacionalidad entre los trabajadores de los Estados miembros, con respecto al empleo, paz social, justicia y la retribución y las demás condiciones de trabajo.

**6. La libertad de establecimiento comprenderá:**

a) El acceso a las actividades asalariadas y su ejercicio, así como la constitución y gestión de empresas y, especialmente, cooperativas.

b) El acceso a las actividades no asalariadas y su ejercicio, así como la constitución y gestión de empresas y, especialmente, de sociedades.

c) El acceso a las actividades asalariadas y su ejercicio, así como la constitución y gestión de sociedades capitalistas.

d) El acceso a las actividades asalariadas y no asalariadas y su ejercicio, así como la constitución y gestión de empresas y, especialmente, de sociedades.

**7. La función legislativa y la función presupuestaria la ejercerá:**

a) Exclusivamente el Parlamento.

b) El Parlamento Europeo conjuntamente con el Consejo.

c) El Parlamento Europeo conjuntamente con el Consejo Europeo.

d) El Parlamento Europeo conjuntamente con la Comisión.

**8. El Parlamento Europeo estará compuesto por representantes de los ciudadanos de la Unión. Su número no excederá de:**

a) Setecientos cincuenta, incluido el Presidente.
b) Setecientos cinco, excluidos el Presidente.
c) Setecientos cincuenta, más el Presidente.
d) Setecientos cinco, incluido el Presidente.

**9. ¿Qué Institución adoptará una decisión por la que se fije la composición del Parlamento Europeo?**

a) El Consejo Europeo por unanimidad, a iniciativa del Parlamento Europeo y con su aprobación.
b) El Consejo de la Unión Europea por unanimidad, a iniciativa del Parlamento Europeo y con su aprobación.
c) El Consejo por mayoría cualificada, a iniciativa del Parlamento Europeo y con su aprobación.
d) El Consejo Europeo por unanimidad, a iniciativa de la Comisión y con su aprobación.

**10. Los diputados al Parlamento Europeo serán elegidos por:**

a) Sufragio universal, directo, libre y secreto, para un mandato de cuatro años.
b) Sufragio universal, igual, directo, libre y secreto, para un mandato de cinco años.
c) Sufragio universal, directo, libre y secreto, para un mandato de cinco años.
d) Sufragio universal, directo, libre y secreto, para un mandato de seis años.

**11. ¿Qué Institución dará a la Unión los impulsos necesarios para su desarrollo y definirá sus orientaciones y prioridades políticas generales?**

a) Consejo Europeo.
b) Consejo de la Unión Europea.
c) Comisión.
d) Parlamento Europeo.

**12. El Consejo Europeo estará compuesto por:**

a) Los Jefes de Estado y de Gobierno de los Estados miembros, así como por su Presidente y por el Presidente de la Comisión y del Consejo.
b) Los Jefes de Estado o de Gobierno de los Estados miembros, así como por su Presidente y por la mesa del Parlamento.
c) Los Jefes de Estado o de Gobierno de los Estados miembros, así como por su Presidente y por el Presidente de la Comisión.
d) Los Jefes de Estado o de Gobierno de los Estados miembros, así como por su Presidente, por el Presidente del Consejo, por el Presidente de la Comisión y por el Presidente del Banco Central Europeo.

**13. El Consejo Europeo se pronunciará, excepto cuando los Tratados dispongan otra cosa por:**

a) Consenso.
b) Unanimidad.
c) Mayoría cualificada.
d) Mayoría simple.

**14. El Presidente del Consejo Europeo tendrá un mandato de:**

a) Dos años y medio máximo.
b) Dos años y medio, renovables por dos años y medio más.
c) Seis años.
d) Cuatro años, renovables por otros cuatro años.

**15. Estará compuesto por un representante de cada Estado miembro, de rango ministerial el/la/las:**

a) Consejo.
b) Consejo Europeo.
c) Comisión.
d) Comisiones del Parlamento.

**16. El Consejo se pronunciará, excepto cuando los Tratados dispongan otra cosa por:**

a) Mayoría cualificada.
b) Mayoría simple.
c) Consenso.
d) Unanimidad.

**17. El Consejo se reunirá en:**

a) Direcciones Generales.
b) Formaciones.
c) Comisiones.
d) Comisarías.

**18. Promoverá el interés general de la Unión el/la:**

a) Consejo.
b) Comisión.
c) Consejo Europeo.
d) Parlamento Europeo.

**19. El mandato de la Comisión será de:**

a) Tres años.
b) Cinco años.
c) Seis años.
c) Cuatro años.

**20. La Comisión será nombrada por:**

a) El Parlamento Europeo por unanimidad.
b) El Consejo Europeo, por consenso.
c) Los países miembros.
d) El Consejo Europeo, por mayoría cualificada.

**21. El Tribunal de Justicia de la Unión Europea comprenderá:**

a) El Tribunal de Justicia, el Tribunal General y el Tribunal de la Función Pública.
b) El Tribunal General y los Tribunales especializados.
c) El Tribunal de Justicia, el Tribunal General y los tribunales especializados.
d) El Tribunal de Justicia y el Tribunal General, sin que quepa ningún otro órgano.

**22. El Tribunal de Justicia estará compuesto por:**

a) Un juez por cada Estado miembro y un abogado general por cada Estado miembro.
b) Un juez por cada Estado miembro.
c) Dos jueces por cada Estado miembro.
d) Un juez por cada Estado miembro, más su presidente.

**23. La Comisión tendrá una responsabilidad colegiada ante:**

a) Los Estados miembros.
b) El Parlamento Europeo.
c) El Consejo Europeo.
d) El Tribunal de Justicia.

**24. Los actos legislativos de la Unión solo podrán adoptarse a propuesta, excepto cuando los Tratados dispongan otra cosa, de la/el:**

a) Comisión.
b) Consejo.
c) Consejo Europeo.
d) Parlamento.

**25. ¿Qué presidencia tiene carácter rotatorio?**

a) Comisión.
b) Consejo.
c) Consejo Europeo.
d) Parlamento.

# Solución al test n.º 5

**1.** a) En 1 de enero de 1986.

**2.** d) La paz, sus valores y el bienestar de sus pueblos.

**3.** c) Dignidad humana, libertad, democracia, igualdad, Estado de Derecho y respeto de los derechos humanos, incluidos los derechos de las personas pertenecientes a minorías.

**4.** b) Por los medios apropiados, de acuerdo con las competencias que se le atribuyen en los Tratados.

**5.** b) La abolición de toda discriminación por razón de la nacionalidad entre los trabajadores de los Estados miembros, con respecto al empleo, la retribución y las demás condiciones de trabajo.

**6.** b) El acceso a las actividades no asalariadas y su ejercicio, así como la constitución y gestión de empresas y, especialmente, de sociedades.

**7.** b) El Parlamento Europeo conjuntamente con el Consejo.

**8.** c) Setecientos cincuenta, más el Presidente.

**9.** a) El Consejo Europeo por unanimidad, a iniciativa del Parlamento Europeo y con su aprobación.

**10.** c) Sufragio universal directo, libre y secreto, para un mandato de cinco años.

**11.** a) Consejo Europeo.

**12.** c) Los Jefes de Estado o de Gobierno de los Estados miembros, así como por su Presidente y por el Presidente de la Comisión.

**13.** a) Consenso.

**14.** b) Dos años y medio, renovables por dos años y medio más.

**15.** a) Consejo.

**16.** a) Mayoría cualificada.

**17.** b) Formaciones.

**18.** b) Comisión.

**19.** b) Cinco años.

**20.** b) El Consejo Europeo, por consenso.

**21.** c) El Tribunal de Justicia, el Tribunal General y los tribunales especializados.

**22.** b) Un juez por cada Estado miembro.

**23.** b) El Parlamento Europeo.

**24.** a) Comisión.

**25.** b) Consejo.

# TEST N.º 6

**La Ley 7/1985, de 2 de abril, Reguladora de las Bases del Régimen Local (LBRL). Disposiciones generales: artículos 1, 2, 3, 4, 5 y 6 de la LBRL. El municipio: concepto, territorio y población: artículos 11, 12, 15, 16, 17 y 18 de la LBRL. Competencias del municipio: artículos 7, 25, 26 y 27 de la LBRL. La provincia: concepto y competencias: artículos 31 y 36.1 de la LBRL. El régimen de organización de los municipios de gran población: Título X de la LBRL**

**1. Entre las potestades y prerrogativas que tienen los municipios se encuentran:**

a) La tributaria y financiera.
b) De revisión de oficio de sus actos y acuerdos.
c) Expropiatoria.
d) Todas las respuestas son correctas.

**2. La personalidad jurídica de los Municipios, según la Constitución Española, es:**

a) Propia.
b) Plena.
c) Reconocida por el Ente que los crea.
d) Dependiente de su autonomía.

**3. Según nuestra Constitución, los Concejales no son elegidos por sufragio:**

a) Universal.
b) Igual.
c) Paritario.
d) Libre.

**4. ¿Qué define ENTRENA CUESTA como el Ente Público menor territorial primario?**

a) La Comarca.
b) La Mancomunidad de Municipios.

c) El Municipio.
d) La Provincia.

**5. Según el Reglamento de Población y Demarcación Territorial de las Entidades Locales el término municipal es:**

a) El territorio en que el Ayuntamiento ejerce su jurisdicción.
b) El territorio en que el Ayuntamiento ejerce sus competencias.
c) El territorio en que el Ayuntamiento ejerce su política.
d) Las respuestas b) y c) son correctas.

**6. La pertenencia de un Municipio a dos Provincias:**

a) Se admite excepcionalmente.
b) Ha de estar prevista en norma con rango de ley.
c) Está prohibida en nuestro ordenamiento jurídico.
d) Las respuestas a) y b) son ciertas.

**7. La división del término municipal en distritos, barrios, etc., es competencia del/de la:**

a) Instituto Geográfico Nacional.
b) Diputación Provincial.
c) Ayuntamiento respectivo.
d) Comunidad Autónoma.

**8. Para ser vecino de un Municipio:**

a) Hay que estar empadronado como tal en él.
b) Basta con la residencia habitual en el mismo.
c) No es necesario ser mayor de edad.
d) Debe saberse leer y escribir.

**9. No es posible la consulta popular en la siguiente materia:**

a) Sobre competencias municipales.
b) Hacienda Local.
c) Servicios municipales.
d) Es factible en todas ellas.

**10. En el ámbito local el único órgano que puede someter a consulta popular un asunto es el:**

a) Presidente de la Diputación Provincial.
b) Alcalde.

c) Gobierno de la Nación.
d) Pleno de cada Entidad Local.

**11. La convocatoria de consultas populares debe autorizarla el/la:**

a) Gobierno de la Nación.
b) Presidente de la Corporación.
c) Comunidad Autónoma.
d) Ninguno de ellos.

**12. El padrón municipal es:**

a) La base de datos donde constan los nombres de los vecinos.
b) El registro administrativo donde solo constan los domicilios de los vecinos.
c) El registro administrativo donde constan los vecinos de un municipio.
d) El registro administrativo donde solo constan los domicilios de los extranjeros del municipio.

**13. La inscripción en el Padrón municipal contendrá como obligatorios los siguientes datos:**

a) Las matrículas de los vehículos de los vecinos.
b) El número de identificación de los aparatos tecnológicos existentes en cada casa.
c) Los ascendientes que habitan en cada casa.
d) Ninguna de las respuestas es correcta.

**14. En el Padrón no debe constar respecto de un vecino su:**

a) Sexo.
b) Domicilio habitual.
c) Lugar de nacimiento.
d) Debe figurar todo lo anterior.

**15. La inscripción en el Padrón Municipal solo surtirá efecto por el tiempo que subsista el hecho que la motivó y, en todo caso, cuando se trate de la inscripción de extranjeros sin autorización de residencia de larga duración, no pertenecientes a un Estado miembro de la Unión Europea, a Estados parte en el Acuerdo sobre el Espacio Económico Europeo, deberá ser objeto de renovación periódica:**

a) Cada año.
b) Cada dos años.
c) Cada tres años.
d) Cada cinco años.

**16. ¿Cuál de los siguientes datos no es obligatorio a la hora de la inscripción en el Padrón municipal?**

a) Lugar y fecha de nacimiento.
b) Sexo.
c) Nacionalidad.
d) Número de teléfono.

**17. Quien viva en varios Municipios:**

a) Deberá inscribirse únicamente en el Padrón municipal del municipio en el que habite durante más tiempo al año.
b) Deberá inscribirse únicamente en el Padrón municipal del municipio en el que tenga su lugar de trabajo.
c) Deberá inscribirse únicamente en el Padrón municipal del municipio en el que haya nacido.
d) Deberá inscribirse en el Padrón municipal de todos los municipios.

**18. Las directrices e instrucciones técnicas para la formación, mantenimiento y rectificación del Padrón corresponde emanarlas al/a la:**

a) Propio Ayuntamiento Pleno.
b) Administración General del Estado.
c) Comunidad Autónoma.
d) Alcalde.

**19. ¿Existe Padrón de españoles residentes en el extranjero?**

a) Sí.
b) No.
c) Sí, y su formación se realizará por la Administración General del Estado.
d) Solo para aquellos que se encuentren en la Unión Europea.

**20. La confección del Padrón de españoles residentes en el extranjero es competencia del/de la:**

a) Ayuntamiento de su último domicilio en España.
b) Comunidad Autónoma donde hubieren nacido.
c) Administración General del Estado.
d) Embajada o Consulado español en el país en que residan.

**21. El Municipio no ejercerá como competencia propia:**

a) Tráfico, estacionamiento de vehículos y movilidad.
b) Abastecimiento de agua potable a domicilio.

c) Administración de Justicia.

d) Cementerios y actividades funerarias.

## 22. No es una competencia que pueda ser ejercida como propia por el Municipio:

a) La protección y gestión del Patrimonio histórico.

b) Policía nacional y protección civil.

c) La protección contra la contaminación acústica.

d) La protección de la salubridad pública.

## 23. El servicio de transporte colectivo urbano de viajeros deberá prestarse en todo caso:

a) En los Municipios con población superior a 5.000 habitantes.

b) En todos los Municipios.

c) En los Municipios con población superior a 50.000 habitantes.

d) En los Municipios con población superior a 20.000 habitantes.

## 24. El servicio de prevención y extinción de incendios deberá prestarse en todo caso:

a) En los Municipios con población superior a 50.000 habitantes.

b) En los Municipios con población superior a 5.000 habitantes.

c) En los Municipios con población superior a 20.000 habitantes.

d) En todos los Municipios.

## 25. El servicio de recogida de residuos deberá prestarse en todo caso:

a) En los Municipios con población superior a 20.000 habitantes.

b) En los Municipios con población superior a 5.000 habitantes.

c) En todos los Municipios.

d) En los Municipios con población superior a 50.000 habitantes.

## 26. La protección civil es servicio mínimo a prestar por los Municipios de más de:

a) 5.000 habitantes.

b) 20.000 habitantes.

c) 50.000 habitantes.

d) Las respuestas b) y c) son ciertas.

## 27. No es servicio mínimo de un Ayuntamiento de menos de 5.000 habitantes el de:

a) Acceso a los núcleos de población.

b) Alumbrado público.

c) Transporte colectivo urbano de viajeros.

d) Recogida de residuos.

**28. Es servicio mínimo de un Ayuntamiento de menos de 5.000 habitantes el de:**

a) Servicios funerarios.
b) Medio ambiente urbano.
c) Extinción de incendios.
d) Limpieza viaria.

**29. El transporte colectivo urbano de viajeros debe prestarse obligatoriamente en los Municipios de más de:**

a) 5.000 habitantes.
b) 10.000 habitantes.
c) 20.000 habitantes.
d) 50.000 habitantes.

**30. La evaluación e información de situaciones de necesidad social y la atención inmediata a personas en situación o riesgo de exclusión social, debe prestarse en los Municipios que tengan una población, como mínimo, superior a:**

a) 50.000 habitantes.
b) 5.000 habitantes.
c) 20.000 habitantes.
d) 100.000 habitantes.

**31. Señala cuál de los siguientes no es un servicio que se deba prestar en todos los Municipios:**

a) Biblioteca pública.
b) Pavimentación de las vías públicas.
c) Limpieza viaria.
d) Abastecimiento domiciliario de agua potable.

**32. Si se plantea un conflicto de competencias entre dos Ayuntamientos de distintas Provincias de una misma Comunidad Autónoma, se resuelve por el/la/las:**

a) Pleno de cada uno de ellos.
b) Ministerio de la Presidencia, Presidencia, Justicia y Relaciones con las Cortes.
c) Respectivas Diputaciones Provinciales.
d) Comunidad Autónoma.

**33. Los conflictos de competencias planteados entre diferentes Entidades Locales serán resueltos por la Administración de la Comunidad Autónoma o por la Administración del Estado, previa audiencia de:**

a) El Senado.
b) Las Comunidades Autónomas afectadas.

c) El Consejo de Estado.
d) El Tribunal Constitucional.

### 34. El régimen peculiar para los Municipios de gran población será aplicable:

a) A los municipios que sean capitales autonómicas.
b) A los municipios cuya población supere los 50.000 habitantes.
c) A los municipios cuya población supere los 150.000 habitantes.
d) Las respuestas a) y b) son correctas.

### 35. En los municipios de gran población corresponde a la Junta de Gobierno:

a) La aprobación y modificación de las ordenanzas y reglamentos municipales.
b) La aprobación del proyecto de presupuesto.
c) Los acuerdos relativos a la participación en organizaciones supramunicipales.
d) Dictar bandos, decretos e instrucciones.

### 36. En los municipios de gran población tendrán la consideración de órganos directivos:

a) El Alcalde.
b) El titular de la asesoría jurídica.
c) Los miembros de la Junta de Gobierno Local.
d) Las respuestas a) y c) son correctas.

### 37. En los municipios de gran población para la defensa de los derechos de los vecinos ante la Administración municipal el Pleno creará:

a) Un órgano de gestión económico-financiera.
b) Una Comisión especial de Sugerencias y Reclamaciones.
c) Un órgano para la resolución de las reclamaciones económico-administrativas.
d) Un órgano de gestión tributaria.

### 38. En los municipios de gran población el dictamen sobre los proyectos de ordenanzas fiscales corresponderá a:

a) Un órgano de gestión económico-financiera.
b) Una Comisión especial de Sugerencias y Reclamaciones.
c) Un órgano para la resolución de las reclamaciones económico-administrativas.
d) Un órgano de gestión tributaria.

### 39. La aprobación del proyecto de presupuesto en un Municipio de gran población es competencia del/de la:

a) Presidente.
b) Junta de Gobierno Local.

c) Pleno.

d) Comunidad Autónoma.

**40. La Relación de Puestos de un Ayuntamiento de un Municipio de gran población la aprueba el/la:**

a) Junta de Personal.

b) Pleno.

c) Alcalde.

d) Junta de Gobierno Local.

**41. El ejercicio normal de acciones judiciales compete en un Municipio de gran población al/a la/a los:**

a) Presidente.

b) Pleno.

c) Junta de Gobierno Local.

d) Anteriores, en las materias de sus respectivas competencias.

**42. Cuando un Teniente de Alcalde sustituye al Alcalde en una sesión, en la deliberación y votación de un asunto en el que el sustituido debe abstenerse:**

a) Tiene un doble voto.

b) Preside circunstancialmente la misma.

c) No puede votar.

d) No puede hacerlo.

**43. El régimen retributivo de los órganos directivos municipales en un Municipio de gran población se establece por el/la:**

a) Concejal-Delegado de Personal.

b) Alcalde.

c) Pleno.

d) Junta de Gobierno Local.

**44. ¿A qué órgano del Ayuntamiento le corresponde la creación de los distritos?**

a) Al Alcalde.

b) A la Junta de Gobierno Local.

c) Al Teniente de Alcalde.

d) Al Pleno de la Corporación.

**45. El órgano administrativo responsable de la asistencia jurídica al Alcalde, a la Junta de Gobierno Local y a los órganos directivos, se denomina:**

a) Gabinete Jurídico.

b) Asesoría Jurídica.

c) Asesoría Social.
d) Defensa Jurídica del Ayuntamiento.

**46. En los Municipios en los que exista un Consejo Social de la Ciudad, este estará integrado por representantes de las organizaciones:**

a) Económicas.
b) Sociales y profesionales.
c) Organizaciones de vecinos más representativas.
d) Todas las respuestas anteriores son correctas.

**47. Para la consecución de una gestión integral del sistema tributario municipal, los ayuntamientos de los municipios de gran población puede crear un órgano de gestión tributaria. ¿A qué órgano compete su creación?**

a) Al Alcalde.
b) A la Junta de Gobierno Local.
c) Al Pleno.
d) Al Interventor.

**48. Según el artículo 27 de la Ley de Bases de Régimen Local, la delegación de competencias del Estado y las Comunidades Autónomas a los municipios no podrá ser inferior a:**

a) 5 años.
b) 4 años.
c) 10 años.
d) 7 años.

**49. La Administración del Estado y las de las Comunidades Autónomas podrán delegar en los municipios, entre otras, las siguientes competencias:**

a) Realización de actividades complementarias en los centros docentes.
b) Protección del medio natural.
c) Vigilancia y control de la contaminación ambiental.
d) Todas las respuestas son correctas.

**50. Una delegación de competencia por parte del Estado en un Municipio debe efectuarse por el siguiente mínimo de tiempo:**

a) Tres años.
b) Un año.
c) Cinco años.
d) Diez años.

# Solución al test n.º 6

**1.** d) Todas las respuestas son correctas.

**2.** b) Plena.

**3.** c) Paritario.

**4.** c) El Municipio.

**5.** b) El territorio en que el Ayuntamiento ejerce sus competencias.

**6.** c) Está prohibida en nuestro ordenamiento jurídico.

**7.** c) Ayuntamiento respectivo.

**8.** a) Hay que estar empadronado como tal en él.

**9.** b) Hacienda Local.

**10.** b) Alcalde.

**11.** a) Gobierno de la Nación.

**12.** c) El registro administrativo donde constan los vecinos de un municipio.

**13.** d) Ninguna de las respuestas es correcta.

**14.** d) Debe figurar todo lo anterior.

**15.** b) Cada dos años.

**16.** d) Número de teléfono.

**17.** a) Deberá inscribirse únicamente en el Padrón municipal del municipio en el que habite durante más tiempo al año.

**18.** b) Administración General del Estado.

**19.** c) Sí, y su formación se realizará por la Administración General del Estado.

**20.** c) Administración General del Estado.

**21.** c) Administración de Justicia.

**22.** b) Policía nacional y protección civil.

**23.** c) En los Municipios con población superior a 50.000 habitantes.

**24.** c) En los Municipios con población superior a 20.000 habitantes.

**25.** c) En todos los Municipios.

**26.** b) 20.000 habitantes.

**27.** c) Transporte colectivo urbano de viajeros.

**28.** d) Limpieza viaria.

**29.** d) 50.000 habitantes.

**30.** c) 20.000 habitantes.

**31.** a) Biblioteca pública.

**32.** d) Comunidad Autónoma.

**33.** b) Las Comunidades Autónomas afectadas.

**34.** a) A los municipios que sean capitales autonómicas.

**35.** b) La aprobación del proyecto de presupuesto.

**36.** b) El titular de la asesoría jurídica.

**37.** b) Una Comisión especial de Sugerencias y Reclamaciones.

**38.** c) Un órgano para la resolución de las reclamaciones económico-administrativas.

**39.** b) Junta de Gobierno Local.

**40.** d) Junta de Gobierno Local.

**41.** d) Anteriores, en las materias de sus respectivas competencias.

**42.** b) Preside circunstancialmente la misma.

**43.** c) Pleno.

**44.** d) Al Pleno de la Corporación.

**45.** b) Asesoría Jurídica.

**46.** d) Todas las respuestas anteriores son correctas.

**47.** c) Al Pleno.

**48.** a) 5 años.

**49.** d) Todas las respuestas son correctas.

**50.** c) Cinco años.

# TEST N.º 7

La Ley 39/2015, de 1 de octubre, del Procedimiento Administrativo Común de las Administraciones Públicas (I). Disposiciones generales. Objeto y ámbito de aplicación (artículos 1 y 2). Interesado en el procedimiento administrativo y representación (artículos 4 y 5). Derechos de las personas en sus relaciones con las Administraciones Públicas (artículo 13). Derecho y obligación de relacionarse electrónicamente con las Administraciones Públicas (artículo 14). Registros (artículo 16). Archivo de documentos (artículo 17). Validez y eficacia de las copias realizadas por las Administraciones Públicas (artículo 27). Documentos aportados por los interesados al procedimiento administrativo (artículo 28). Términos y plazos (artículos 29 a 33, ambos inclusive)

**1. La presentación de una denuncia y la comparecencia en el trámite de información pública:**

a) No confieren la condición de interesado, en ningún caso.
b) No confieren u otorgan por sí solas, la condición de interesado en el procedimiento.
c) Confiere solo la condición de administrado, pero no la de interesado.
d) Confiere solo la condición de interesado, pero no la de administrado.

**2. La falta o insuficiente acreditación de la representación no impedirá que se tenga por realizado el acto de que se trate, siempre que se aporte aquella o se subsane el defecto dentro del plazo que deberá conceder al efecto el órgano administrativo, de:**

a) Un mes, o de un plazo superior cuando las circunstancias del caso así lo requieran.
b) Veinte días, o de un plazo superior cuando las circunstancias del caso así lo requieran.
c) Quince días, o de un plazo superior cuando las circunstancias del caso así lo requieran.
d) Diez días, o de un plazo superior cuando las circunstancias del caso así lo requieran.

**3. Señala uno de los derechos que la Ley 39/2015, de 1 de octubre, del Procedimiento Administrativo Común de las Administraciones Públicas, reconoce a quienes tengan capacidad de obrar ante las Administraciones Públicas:**

a) A la obtención y utilización de los medios de identificación y firma electrónica contemplados en la Ley 39/2015, de 1 de octubre.

b) A la protección de datos de carácter personal, y en particular a la seguridad y confidencialidad de los datos que figuren en los ficheros, sistemas y aplicaciones de las Administraciones Públicas.

c) A ser asistidos en el uso de medios electrónicos en sus relaciones con las Administraciones Públicas.

d) Todas las respuestas son correctas.

**4. La Ley 39/2015, de 1 de octubre, del Procedimiento Administrativo Común de las Administraciones Públicas, reconoce a quienes tengan capacidad de obrar ante las Administraciones Públicas el derecho a comunicarse con las Administraciones Públicas a través de:**

a) Un Punto de Acceso Rápido Telemático.

b) Un Punto Electrónico Central.

c) Un Punto Único Electrónico de contacto.

d) Un Punto de Acceso General electrónico de la Administración.

**5. ¿Quién puede obtener copias de documentos contenidos en un procedimiento que se esté tramitando?**

a) Solo los interesados en él.

b) Cualquier ciudadano.

c) Nadie.

d) Solo otro órgano administrativo.

**6. La actuación por un funcionario que suponga discriminación de un interesado por razón de sexo, es considerada por el Texto Refundido de la Ley del Estatuto Básico del Empleado Público, como:**

a) Falta leve.

b) Falta muy grave.

c) Falta grave.

d) No contempla este supuesto.

**7. ¿Cuál es la actual Norma que regula la Protección de Datos Personales y la garantía de los derechos digitales?**

a) La Ley 2/2011, de 4 de marzo.

b) La Ley Orgánica 15/1999, de 15 de diciembre.

c) El Real Decreto-ley 5/2018, de 27 de julio.
d) La Ley Orgánica 3/2018, de 5 de diciembre.

**8. Los documentos que los interesados dirijan a los órganos de las Administraciones Públicas podrán presentarse:**

a) En las oficinas de Correos, en la forma que reglamentariamente se establezca.
b) En las representaciones diplomáticas u oficinas consulares de España en el extranjero.
c) En las oficinas de asistencia en materia de registros.
d) Todas las respuestas son correctas.

**9. A menos que la naturaleza del documento exija otra forma más adecuada de expresión y constancia, las Administraciones Públicas deberán emitir los documentos administrativos:**

a) Preferiblemente de forma verbal.
b) Por escrito, a través de medios electrónicos.
c) Verbal o en su defecto por escrito.
d) De cualquier forma que deje constancia de su recepción.

**10. Indica cuál de los siguientes documentos electrónicos emitidos por las Administraciones Públicas no requieren de firma electrónica, aunque sí precisan identificar su origen:**

a) Los documentos que formen parte de un expediente administrativo.
b) Los documentos que se publiquen con carácter sancionador.
c) Los documentos que se publiquen con carácter meramente informativo.
d) Todos los documentos electrónicos emitidos por una Administración Pública requieren de firma electrónica.

**11. Para ser considerados válidos, los documentos electrónicos deben cumplir, entre otros, con el siguiente requisito:**

a) Incorporar una referencia temporal del momento en que han sido emitidos.
b) Incorporar los metadatos mínimos exigidos.
c) Disponer de los datos de identificación que permitan su individualización, sin perjuicio de su posible incorporación a un expediente electrónico.
d) Todas las respuestas son correctas.

**12. ¿Qué norma reguló el Esquema Nacional de Interoperabilidad?**

a) La Ley 30/1992, de 26 de noviembre.
b) La Ley 11/2007, de 22 de junio.
c) El Real Decreto 4/2010, de 8 de enero.
d) El Real Decreto 12/2015, de 9 de abril.

**13. ¿Cuándo podrán los interesados solicitar la expedición de copias auténticas de los documentos públicos administrativos que hayan sido válidamente emitidos por las Administraciones Públicas?**

a) Únicamente en la fase de audiencia.
b) Solo en la fase de prueba.
c) Siempre antes de la resolución del expediente administrativo.
d) En cualquier momento.

**14. La solicitud de copias auténticas de los documentos públicos administrativos que hayan sido válidamente emitidos por las Administraciones Públicas se dirigirá al órgano que emitió el documento original, debiendo expedirse, salvo las excepciones derivadas de la aplicación de la Ley 19/2013, de 9 de diciembre, en el plazo de:**

a) Un mes a contar desde la recepción de la solicitud en el registro electrónico de la Administración u Organismo competente.
b) Veinte días a contar desde la recepción de la solicitud en el registro electrónico de la Administración u Organismo competente.
c) Quince días a contar desde la recepción de la solicitud en el registro electrónico de la Administración u Organismo competente.
d) Diez días a contar desde la recepción de la solicitud en el registro electrónico de la Administración u Organismo competente.

**15. Señala la respuesta incorrecta respecto a la validez y eficacia de las copias realizadas por las Administraciones Públicas:**

a) Las copias auténticas realizadas por una Administración Pública únicamente tendrán validez en esa Administración Pública.
b) Las copias auténticas tendrán la misma validez y eficacia que los documentos originales.
c) Cada Administración Pública determinará los órganos que tengan atribuidas las competencias de expedición de copias auténticas de los documentos públicos administrativos o privados.
d) Las Administraciones Públicas estarán obligadas a expedir copias auténticas electrónicas de cualquier documento en papel que presenten los interesados y que se vaya a incorporar a un expediente administrativo.

# Solución al test n.º 7

**1.** b) No confieren u otorgan por sí solas, la condición de interesado en el procedimiento.

**2.** d) Diez días, o de un plazo superior cuando las circunstancias del caso así lo requieran.

**3.** d) Todas las respuestas son correctas.

**4.** d) Un Punto de Acceso General electrónico de la Administración.

**5.** a) Solo los interesados en él.

**6.** b) Falta muy grave.

**7.** d) La Ley Orgánica 3/2018, de 5 de diciembre.

**8.** d) Todas las respuestas son correctas.

**9.** b) Por escrito, a través de medios electrónicos.

**10.** c) Los documentos que se publiquen con carácter meramente informativo.

**11.** d) Todas las respuestas son correctas.

**12.** c) El Real Decreto 4/2010, de 8 de enero.

**13.** d) En cualquier momento.

**14.** c) Quince días a contar desde la recepción de la solicitud en el registro electrónico de la Administración u Organismo competente.

**15.** a) Las copias auténticas realizadas por una Administración Pública únicamente tendrán validez en esa Administración Pública.

# TEST N.º 8

**La Ley 39/2015, de 1 de octubre, del Procedimiento Administrativo Común de las Administraciones Públicas (II). Los actos administrativos. Motivación (artículo 35). Efectos (artículo 39). Notificación (artículos 40 a 46, ambos inclusive). Nulidad de pleno derecho (artículo 47). Anulabilidad (artículo 48). Procedimiento administrativo: derechos de los interesados en el procedimiento administrativo (artículo 53) y ordenación del procedimiento (artículos 70 a 74)**

**1. Un acto complejo es aquel:**

a) En el que intervienen, sucesivamente, en virtud de la tutela administrativa, dos órganos administrativos.

b) Que se adopta por un órgano colegiado.

c) En cuyo proceso de elaboración se ha evacuado el dictamen de un órgano consultivo.

d) En cuya emisión de voluntad han de intervenir, como mínimo, dos órganos administrativos.

**2. Según provengan de un solo órgano administrativo o de dos o más órganos administrativos, los actos administrativos se clasifican en:**

a) Actos únicos y actos múltiples.

b) Actos de trámite y actos complejos.

c) Actos simples y complejos.

d) Actos básicos y actos complejos.

**3. El acto administrativo está sujeto al principio de legalidad:**

a) Siempre.

b) Cuando se trate de actos reglados.

c) Según los casos.

d) No necesariamente.

**4. Cuando la Administración Pública actúa como persona de Derecho Privado:**

a) Solo puede ser controlada por los Tribunales contencioso-administrativos.
b) No dicta actos administrativos.
c) Su actividad es puramente discrecional.
d) Puede actuar sin límite alguno, como cualquier particular.

**5. El interés público convierte a los actos administrativos en:**

a) Susceptibles de impugnación directa.
b) Reglados, en parte.
c) Discrecionales.
d) Nada de lo anterior.

**6. El acto que da fin a un expediente administrativo es un/una:**

a) Propuesta.
b) Acto definitivo.
c) Informe con propuesta de resolución.
d) Acto trámite.

**7. Un ejemplo de acto de trámite es un/una:**

a) Decisión con que concluye el procedimiento.
b) Renuncia.
c) Informe emitido en un procedimiento.
d) Ninguno de ellos lo es.

**8. Según pongan fin al expediente administrativo o formen parte del mismo, como una fase del mismo, sin tener carácter resolutivo, los actos administrativos se clasifican en:**

a) Actos definitivos y actos de trámite.
b) Actos propios y actos impropios.
c) Actos básicos y actos de trámite.
d) Actos únicos y actos múltiples.

**9. Según que la Administración, al dictarlos, se limite a aplicar una norma que le señala claramente la decisión a adoptar en el supuesto del hecho de que se trate, o tenga libertad en la emisión de dicho acto, pudiendo optar entre diversas alternativas que la ley le ofrece, pero sin olvidar que el fin de toda su actuación es el interés general, los actos administrativos se clasifican en:**

a) Actos únicos y actos múltiples.
b) Actos de trámite y actos complejos.

c) Actos directos y actos indirectos

d) Actos reglados y actos discrecionales.

**10. El contenido eventual del acto supone:**

a) Que este puede estar condicionado.

b) Que se presume en todos los actos del mismo tipo.

c) Que es connatural con el acto de que se trate.

d) Su carácter reglado.

**11. Cuando algo necesariamente forma parte de un acto administrativo, hablamos de contenido:**

a) Natural.

b) Legal.

c) Eventual.

d) Implícito.

**12. Las cláusulas accesorias de un acto administrativo forman parte del contenido:**

a) Natural del acto.

b) Implícito del mismo.

c) Legal del acto.

d) Eventual del acto.

**13. Según dispone el art. 41 LPACAP, las notificaciones se practicarán preferentemente:**

a) Por la vía postal.

b) Telefónicamente.

c) Por medios electrónicos.

d) Por el medio más rápido y económico para la Administración.

**14. El procedimiento, que es la vía a través de la cual se elabora la declaración de voluntad, deseo, conocimiento o juicio de la Administración, en que consiste el acto, es un elemento del acto administrativo de tipo:**

a) Objetivo.

b) Subjetivo.

c) Formal.

d) Accidental.

**15. Serán motivados, con sucinta referencia de hechos y fundamentos de derecho:**

a) Los actos que se separen del criterio seguido en actuaciones precedentes o del dictamen de órganos consultivos.

b) Los actos que limiten derechos subjetivos o intereses legítimos

c) Los actos que resuelvan procedimientos de revisión de oficio de disposiciones o actos administrativos, recursos administrativos y procedimientos de arbitraje y los que declaren su inadmisión.

d) Todas las respuestas son correctas.

**16. Un acto general debe:**

a) Publicarse.
b) Notificarse a los interesados.
c) Tener un contenido normativo.
d) Elaborarse por un órgano colegiado.

**17. Las competencias administrativas hacen referencia a/al/a las:**

a) Ente administrativo de que se trate.
b) Atribuciones que por ley se conceden a una Administración Pública.
c) Atribuciones que se otorgan a un órgano administrativo.
d) Nada de lo anterior.

**18. El contenido de un acto administrativo ha de ser:**

a) Ilícito y determinado.
b) Posible y lícito.
c) Determinado o determinable e ilícito.
d) Imposible y lícito.

**19. Las cláusulas accesorias de un acto administrativo forman parte del contenido:**

a) Natural del acto.
b) Implícito del mismo.
c) Legal del acto.
d) Eventual del acto.

**20. Los actos deben motivarse:**

a) Siempre.
b) Nunca.
c) Cuando decidan un procedimiento.
d) Cuando la ley lo prescriba.

**21. No tienen por qué motivarse los actos que:**

a) Resuelvan recursos.
b) Limiten derechos subjetivos.

c) Se separen del dictamen de órganos consultivos.
d) Todos los anteriores deben motivarse.

**22. En la notificación de todo acto administrativo no es necesario que conste siempre:**

a) Su texto íntegro.
b) Los recursos que contra el mismo procedan.
c) Los motivos en que se basa la decisión.
d) El plazo de interposición de los recursos.

**23. ¿En qué supuestos la notificación se hará por medio de un anuncio publicado en el Boletín Oficial del Estado?**

a) Cuando se ignore el lugar de la notificación.
b) Cuando los interesados en un procedimiento sean conocidos.
c) Cuando intentada la notificación, no se hubiera podido practicar.
d) Las respuestas a) y c) son correctas.

**24. Cuando la notificación se practique en el domicilio del interesado, de no hallarse presente, podrá hacerse cargo de la misma cualquier persona que se encuentre en el domicilio, haga constar su identidad y sea:**

a) Mayor de catorce años.
b) Mayor de dieciséis años.
c) Mayor de dieciocho años.
d) Mayor de veintiún años.

**25. Cuando el Delegado Provincial de una Consejería de una Comunidad Autónoma de una Provincia concreta resuelve un recurso administrativo en materia propia de la Delegación Provincial de otra Consejería de distinta Provincia, incurre en una incompetencia:**

a) Funcional y jerárquica.
b) Territorial y jerárquica.
c) Funcional y territorial.
d) Territorial exclusivamente.

**26. La incompetencia a que se refiere la pregunta anterior es de carácter:**

a) Absoluto y relativo.
b) Absoluto.
c) Relativo.
d) Jerárquico.

**27. Cuando la notificación por medios electrónicos sea de carácter obligatorio, se entenderá rechazada cuando:**

a) Hayan transcurrido veinte días naturales desde la puesta a disposición de la notificación sin que se acceda a su contenido.

b) Hayan transcurrido diez días naturales desde la puesta a disposición de la notificación sin que se acceda a su contenido.

c) Hayan transcurrido diez días hábiles desde la puesta a disposición de la notificación sin que se acceda a su contenido.

d) Hayan transcurrido veinte días hábiles desde la puesta a disposición de la notificación sin que se acceda a su contenido.

**28. Señala la respuesta incorrecta. Los actos administrativos serán objeto de publicación:**

a) Cuando así lo establezcan las normas reguladoras de cada procedimiento.

b) Cuando lo aconsejen razones de interés público apreciadas por el órgano competente.

c) Cuando el acto tenga por destinatario a una pluralidad indeterminada de personas.

d) Siempre.

**29. El procedimiento, que es la vía a través de la cual se elabora la declaración de voluntad, deseo, conocimiento o juicio de la Administración, en que consiste el acto, es un elemento del acto administrativo de tipo:**

a) Objetivo.

b) Subjetivo.

c) Formal.

d) Accidental.

**30. Serán motivados, con sucinta referencia de hechos y fundamentos de Derecho:**

a) Los actos que se separen del criterio seguido en actuaciones precedentes o del dictamen de órganos consultivos.

b) Los actos que limiten derechos subjetivos o intereses legítimos.

c) Los actos que resuelvan procedimientos de revisión de oficio de disposiciones o actos administrativos, recursos administrativos y procedimientos de arbitraje y los que declaren su inadmisión.

d) Todas las respuestas son correctas.

**31. La regla general cuando un acto infringe el ordenamiento jurídico es:**

a) Su anulabilidad.

b) Su validez temporal.

c) Su nulidad relativa.

d) Las respuestas a) y c) son correctas.

PARTE I. TEST N.º 8 ||||

**32. Los supuestos de nulidad absoluta de actos administrativos:**

a) Son la regla general en nuestro Derecho.
b) Son los recogidos en el artículo 47 de la Ley 39/2015, de 1 de octubre, del Procedimiento Administrativo Común de las Administraciones Públicas, exclusivamente.
c) Pueden establecerse expresamente por una disposición con rango de ley.
d) Son solo los del artículo 47 citado y de otras leyes formales.

**33. Los defectos formales en un acto, según reconoce expresamente la ley:**

a) Lo vician con nulidad absoluta.
b) Lo vician con anulabilidad en todo caso.
c) Pueden dar lugar a la nulidad absoluta si producen indefensión.
d) Pueden dar lugar a la anulabilidad si producen indefensión.

**34. Los efectos de una declaración de nulidad absoluta se producen desde:**

a) Que se notifica el acto anulatorio.
b) El momento de la declaración de la nulidad.
c) La notificación o publicación del acto anulatorio, según los casos.
d) Que se dictó el acto anulado.

**35. ¿Cuándo podrán los administrados conocer el estado de la tramitación de los procedimientos en los que tengan la condición de interesados?**

a) Solo en la fase de instrucción.
b) Únicamente en la fase de alegaciones.
c) Tan solo en la fase de prueba.
d) En cualquier momento.

**36. ¿En virtud de qué principio se acordarán en un solo acto todos los trámites que, por su naturaleza, admitan un impulso simultáneo y no sea obligado su cumplimiento sucesivo?**

a) Del principio de celeridad.
b) Del principio de agilidad administrativa.
c) Del principio de simplificación administrativa.
d) Del principio de eficiencia.

**37. ¿De acuerdo con qué principio se acordarán en un solo acto todos los trámites que, por su naturaleza, admitan un impulso simultáneo y no sea obligado su cumplimiento sucesivo?**

a) Con el principio de oficialidad.
b) Con el principio de eficacia.

89

c) Con el principio de simplificación administrativa.

d) Con el principio de eficacia.

**38. Salvo en el caso de que en la norma correspondiente se fije plazo distinto, los trámites que deban ser cumplimentados por los interesados deberán realizarse en el plazo de:**

a) Siete días a partir del siguiente al de la notificación del correspondiente acto.

b) Diez días a partir del siguiente al de la notificación del correspondiente acto.

c) Quince días a partir del siguiente al de la notificación del correspondiente acto.

d) Un mes a partir del siguiente al de la notificación del correspondiente acto.

**39. En cualquier momento del procedimiento, cuando la Administración considere que alguno de los actos de los interesados no reúne los requisitos necesarios, lo pondrá en conocimiento de su autor, concediéndole un plazo para cumplimentarlo:**

a) De cinco días.

b) De siete días.

c) De diez días.

d) De veinte días.

**40. Con arreglo al artículo 74 LPACAP, las cuestiones incidentales que se susciten en el procedimiento, incluso las que se refieran a la nulidad de actuaciones:**

a) Suspenderán la tramitación del procedimiento.

b) No suspenderán la tramitación del procedimiento, salvo la recusación.

c) No suspenderán la tramitación del procedimiento en ningún caso.

d) Siempre que lo estime oportuno el instructor del procedimiento, y así lo motive suficientemente, suspenderá la tramitación del procedimiento.

# Solución al test n.º 8

**1.** d) En cuya emisión de voluntad han de intervenir, como mínimo, dos órganos administrativos.

**2.** c) Actos simples y complejos.

**3.** a) Siempre.

**4.** b) No dicta actos administrativos.

**5.** b) Reglados, en parte.

**6.** b) Acto definitivo.

**7.** c) Informe emitido en un procedimiento.

**8.** a) Actos definitivos y actos de trámite.

**9.** d) Actos reglados y actos discrecionales.

**10.** a) Que este puede estar condicionado.

**11.** a) Natural.

**12.** d) Eventual del acto.

**13.** c) Por medios electrónicos.

**14.** c) Formal.

**15.** d) Todas las respuestas son correctas.

**16.** a) Publicarse.

**17.** c) Atribuciones que se otorgan a un órgano administrativo.

**18.** b) Posible y lícito.

**19.** d) Eventual del acto.

**20.** d) Cuando la ley lo prescriba.

**21.** d) Todos los anteriores deben motivarse.

**22.** c) Los motivos en que se basa la decisión.

**23.** d) Las respuestas a) y c) son correctas.

**24.** a) Mayor de catorce años.

**25.** c) Funcional y territorial.

**26.** b) Absoluto.

**27.** b) Hayan transcurrido diez días naturales desde la puesta a disposición de la notificación sin que se acceda a su contenido.

**28.** d) Siempre.

**29.** c) Formal.

**30.** d) Todas las respuestas son correctas.

**31.** d) Las respuestas a) y c) son correctas.

**32.** c) Pueden establecerse expresamente por una disposición con rango de ley.

**33.** d) Pueden dar lugar a la anulabilidad si producen indefensión.

**34.** d) Que se dictó el acto anulado.

**35.** d) En cualquier momento.

**36.** c) Del principio de simplificación administrativa.

**37.** c) Con el principio de simplificación administrativa.

**38.** b) Diez días a partir del siguiente al de la notificación del correspondiente acto.

**39.** c) De diez días.

**40.** b) No suspenderán la tramitación del procedimiento, salvo la recusación.

# TEST N.º 9

**La Ley 39/2015, de 1 de octubre, del Procedimiento Administrativo Común de las Administraciones Públicas (III). Los recursos administrativos: Principios generales (artículos 112 a 120). Recurso de alzada: objeto y plazos (artículos 121 y 122). Recurso potestativo de reposición: objeto y naturaleza y plazos (artículos 123 y 124). Recurso extraordinario de revisión: objeto y plazos y resolución (artículos 125 y 126)**

**1. La *reformatio in peius*, en materia de recursos:**

a) Se admite como regla general.
b) Solo se permite en materia sancionadora.
c) Se admite cuando el recurso está claramente infundado.
d) Está expresamente prohibida.

**2. Cuando hayan de tenerse en cuenta nuevos hechos o documentos no recogidos en el expediente originario, se pondrán de manifiesto a los interesados para que formulen las alegaciones que estimen procedentes, en un plazo:**

a) No inferior a diez días ni superior a quince.
b) De veinte días.
c) No inferior a cinco días ni superior a veinte.
d) De treinta días.

**3. La resolución de un recurso:**

a) Debe circunscribirse a lo solicitado por el recurrente.
b) Resolverá cuantas cuestiones se deduzcan del expediente.
c) No es necesario que se motive.
d) Debe aceptar las razones en que se fundamente el propio recurso.

**4. El recurso de alzada contra actos que no agotan la vía administrativa es:**

a) Extraordinario.
b) La regla general.

c) Especial.

d) Inexistente.

**5. El recurso de reposición contra actos que no agotan la vía administrativa es:**

a) Ordinario.

b) Extraordinario.

c) Especial.

d) Inexistente.

**6. Se han reinstaurado las reclamaciones económico-administrativas, como recurso administrativo propio, en los/las:**

a) Corporaciones Locales en general.

b) Municipios de régimen común.

c) Municipios de gran población.

d) Diputaciones Provinciales cuando gestionen los tributos de los Municipios de la Provincia.

**7. Para plantear un recurso administrativo:**

a) Hay que tener capacidad jurídica, sin requerirse la capacidad de obrar.

b) Basta con la capacidad de obrar.

c) Se requiere, siempre, ser titular de un derecho subjetivo afectado por el acto que se recurre.

d) Puede hacerlo quien ostente la condición de interesado.

**8. Se puede sustituir en determinados supuestos por procedimientos de mediación y arbitraje el:**

a) Recurso de alzada.

b) Recurso de revisión.

c) Recurso de reposición.

d) Las respuestas a) y c) son ciertas.

**9. Cuando una persona interpone un recurso de alzada denominándolo como recurso de revisión:**

a) Deberá desestimarse el recurso por improcedente.

b) Deberá notificársele el error para que lo subsane.

c) No se admitirá el recurso.

d) Deberá resolverse, si del propio recurso se deduce su carácter.

**10. Como consecuencia del principio de congruencia, al resolver un recurso, la Administración Pública:**

a) Podrá agravar la situación inicial del recurrente.
b) Deberá ajustarse a las peticiones del recurrente.
c) Lo desestimará, manteniendo el acto administrativo.
d) Solo decidirá sobre las cuestiones planteadas por el recurrente sin entrar en otras que deriven del procedimiento.

**11. Pone fin a la vía administrativa un acto de un Director General de un Ministerio en la siguiente materia en la que tenga competencia:**

a) Cualquier materia.
b) Una materia que esté descentralizada.
c) De personal.
d) En ningún caso sus actos ponen fin a esta vía administrativa.

**12. El recurso de revisión es:**

a) Unitario.
b) Ordinario.
c) Especial.
d) Extraordinario.

**13. El recurso de alzada contra actos que no agotan la vía administrativa es:**

a) Extraordinario.
b) La regla general.
c) Especial.
d) Inexistente.

**14. El recurso de alzada se presentará:**

a) Ante el superior jerárquico del órgano que dictó el acto.
b) Ante el Tribunal contencioso competente.
c) Ante el órgano que dictó el acto.
d) Indistintamente, ante el órgano que dictó el acto o el superior jerárquico que deba decidirlo.

**15. La resolución presunta del recurso de alzada se dará, si no recae resolución, al/a los:**

a) Quince días de interponerlo.
b) Mes de su interposición.

c) Tres meses desu interposición.

d) En cualquier momento a partir del día siguiente a aquel en que, de acuerdo con su normativa específica, se produzcan los efectos del silencio administrativo.

**16. El silencio administrativo en el recurso de alzada puede ser positivo en el siguiente caso:**

a) Cuando el recurso se presentó contra un acto presunto desestimatorio de la solicitud del ciudadano.

b) Cuando perjudique al ciudadano.

c) Siempre que beneficie al interés público.

d) En ningún supuesto es positivo.

**17. Contra los actos dictados por un Tribunal de Oposiciones:**

a) No cabe recurso alguno.

b) Puede presentarse recurso de alzada ante su Presidente.

c) El recurso de alzada debe entablarse ante la autoridad que nombró al Presidente.

d) Solo es posible el recurso de revisión.

**18. Si el acto fuera expreso, el plazo para la interposición del recurso de reposición será de:**

a) Tres meses.

b) Diez días.

c) Quince días.

d) Un mes.

**19. El recurso extraordinario de revisión se interpone contra:**

a) Cualquier acto administrativo.

b) Actos que no agotan la vía administrativa.

c) Los actos que agotan la vía administrativa.

d) Los actos firmes exclusivamente.

**20. La terminación presunta del recurso extraordinario de revisión se dará:**

a) A los tres meses de su interposición.

b) Al mes de su interposición.

c) No cabe.

d) Solo en el supuesto de que se base en manifiesto error de derecho.

**21. El recurso extraordinario de revisión por manifiesto error de hecho debe plantearse:**

a) A los tres meses desde que se produjo.

b) A los cuatro años desde que se conoció.

c) Dentro de los cuatro años desde la notificación del acto.
d) No puede darse nunca aisladamente.

**22. No es motivo bastante para interponer un recurso de revisión que:**

a) Se haya incurrido en manifiesto error de hecho al dictar el acto.
b) Hubiere mediado cohecho en la resolución.
c) Se haya dictado por órgano manifiestamente incompetente.
d) Hayan influido documentos declarados falsos por sentencia judicial firme.

# Solución al test n.º 9

**1.** d) Está expresamente prohibida.

**2.** a) No inferior a diez días ni superior a quince

**3.** b) Resolverá cuantas cuestiones se deduzcan del expediente.

**4.** b) La regla general.

**5.** d) Inexistente.

**6.** c) Municipios de gran población.

**7.** d) Puede hacerlo quien ostente la condición de interesado.

**8.** d) Las respuestas a) y c) son ciertas.

**9.** d) Deberá resolverse, si del propio recurso se deduce su carácter.

**10.** b) Deberá ajustarse a las peticiones del recurrente.

**11.** c) De personal.

**12.** d) Extraordinario.

**13.** b) La regla general.

**14.** d) Indistintamente, ante el órgano que dictó el acto o el superior jerárquico que deba decidirlo.

**15.** c) Tres meses de su interposición.

**16.** a) Cuando el recurso se presentó contra un acto presunto desestimatorio de la solicitud del ciudadano.

**17.** c) El recurso de alzada debe presentarse ante la autoridad que nombró al Presidente.

**18.** d) Un mes.

**19.** d) Los actos firmes exclusivamente.

**20.** a) A los tres meses de su interposición.

**21.** c) Dentro de los cuatro años desde la notificación del acto.

**22.** c) Se haya dictado por órgano manifiestamente incompetente.

# TEST N.º 10

**La Ley Orgánica 3/2018, de 5 de diciembre, de Protección de Datos Personales y garantía de los derechos digitales. Objeto y ámbito de aplicación (artículos 1 a 3). Principios de protección de datos (artículos 4 al 10, ambos inclusive). Derechos de las personas (artículos 11 a 18, ambos inclusive). Garantía de los derechos digitales (artículos 79 a 97)**

**1. Uno de los objetos de la Ley Orgánica 3/2018, de 5 de diciembre, de Protección de Datos Personales y garantía de los derechos digitales, es:**

a) Adaptar el ordenamiento jurídico español al Reglamento General de Protección de Datos y completar sus disposiciones.

b) Establecer las normas relativas a la protección de las personas físicas en lo que respecta al tratamiento de los datos personales y las normas relativas a la libre circulación de tales datos.

c) Adaptar el Reglamento General de Protección de Datos al ordenamiento jurídico español y completar sus disposiciones.

d) Garantizar la seguridad de la transferencia de datos entre países de la Unión Europea.

**2. La LO 3/2018, de 5 de diciembre, de Protección de Datos Personales y garantía de los derechos digitales, tiene por objeto garantizar los derechos digitales de la ciudadanía conforme al mandato del artículo de la Constitución:**

a) 9.2.

b) 10.1.

c) 18.4.

d) 20.4.

**3. Conforme al artículo 3 de la LO 3/2018, las personas vinculadas al fallecido por razones familiares o de hecho así como sus herederos:**

a) No podrán dirigirse al responsable o encargado del tratamiento para solicitar el acceso a los datos personales de aquella, si no es por vía judicial.

b) Sólo podrán dirigirse al encargado del tratamiento, siempre que sea con objeto de rectificar datos manifiestamente falsos.

c) Podrán dirigirse al responsable o encargado del tratamiento siempre que sea con objeto de solicitar la supresión de los datos personales de aquella sin posibilidad de acceder a ellos.

d) Podrán dirigirse al responsable o encargado del tratamiento al objeto de solicitar el acceso a los datos personales de aquella y, en su caso, su rectificación o supresión.

**4. Según el artículo 3 de la LO 3/2018, los requisitos y condiciones para acreditar la validez y vigencia de los mandatos e instrucciones de las personas fallecidas respecto al acceso a los datos personales de éstas por parte de las personas o instituciones que designaran expresamente, serán establecidos:**

a) Por medio de una Directiva europea.
b) Por Ley estatal.
c) Por Ley autonómica.
d) Por Real Decreto.

**5. ¿En virtud de qué principio previsto por el Reglamento General de Protección de Datos, los datos personales serán adecuados, pertinentes y limitados a lo necesario en relación con los fines para los que son tratados?**

a) Principio de exactitud.
b) Principio de limitación de la finalidad.
c) Principio de responsabilidad proactiva.
d) Principio de minimización de datos.

**6. El artículo 4 de la LO 3/2018 señala que, conforme al artículo 5.1.d) del Reglamento (UE) 2016/679, los datos serán exactos y, si fuere necesario:**

a) Actualizados.
b) Aproximados.
c) Normalizados.
d) Digitalizados.

**7. Señala la opción incorrecta. No será imputable al responsable del tratamiento, siempre que este haya adoptado todas las medidas razonables para que se supriman o rectifiquen sin dilación, la inexactitud de los datos personales, con respecto a los fines para los que se tratan, cuando los datos inexactos:**

a) Hubiesen sido obtenidos por el responsable directamente del encargado.

b) Hubiesen sido obtenidos por el responsable de un mediador o intermediario en caso de que las normas aplicables al sector de actividad al que pertenezca el responsable del tratamiento establecieran la posibilidad de intervención de un intermediario o mediador que recoja en nombre propio los datos de los afectados para su transmisión al responsable.

c) Fuesen sometidos a tratamiento por el responsable por haberlos recibido de otro responsable en virtud del ejercicio por el afectado del derecho a la portabilidad.

d) Fuesen obtenidos de un registro público por el responsable.

**8. Conforme al artículo 5.1 de la LO 3/2018, estarán sujetas al deber de confidencialidad:**

a) Únicamente los responsables del tratamiento.

b) Los responsables y encargados del tratamiento.

c) Los responsables y encargados del tratamiento de datos así como todas las personas que intervengan en cualquier fase de este.

d) Los responsables y encargados del tratamiento de datos así como todas las personas que intervengan en todas las fases de este.

**9. Conforme a los artículos 4.11 del RGPD y 6.1 de la LO 3/2018, se entiende por** *consentimiento del afectado* **la aceptación, ya sea mediante una declaración o una clara acción afirmativa, del tratamiento de datos personales que le conciernen manifestada por voluntad libre, de forma específica, informada e/y:**

a) Detallada.

b) Unitaria.

c) Inequívoca.

d) Por escrito.

**10. Cuando se pretenda fundar el tratamiento de los datos en el consentimiento del afectado para una pluralidad de finalidades:**

a) Será preciso que conste de manera específica e inequívoca que dicho consentimiento se otorga para todas ellas.

b) Será necesario demostrar que el afectado consintió expresamente e inequívocamente en alguna de las finalidades y, que el resto de finalidades están claramente relacionadas con aquella.

c) El responsable debe demostrar la adecuación de las distintas finalidades a un único objeto.

d) El consentimiento del afectado sólo puede afectar a una finalidad. Cada finalidad precisa un consentimiento propio e independiente.

**11. Los datos personales serán tratados de tal manera que se garantice una seguridad adecuada de los mismos, incluida la protección contra el tratamiento no autorizado o ilícito y contra su pérdida, destrucción o daño accidental, mediante la aplicación de medidas técnicas u organizativas apropiadas; todo ello en virtud del principio de:**

a) Responsabilidad proactiva.

b) Integridad y confidencialidad.

c) Limitación de la finalidad.

d) Licitud, lealtad y transparencia.

**12. Según el artículo 8.1 de la LO 3/2018, el tratamiento de datos personales solo podrá considerarse fundado en el cumplimiento de una obligación legal exigible al responsable:**

a) Cuando así lo prevea una norma de Derecho de la Unión Europea o una norma con rango de ley.
b) Cuando el tratamiento se considere una misión realizada en interés público.
c) Cuando se trate del ejercicio de poderes públicos conferidos al responsable.
d) Cuando el responsable sea un órgano u organismo público.

**13. Conforme al artículo 9 de la *LO 3/2018, de 5 de diciembre, de Protección de Datos Personales y garantía de los derechos digitales*, cuál de los siguientes tratamientos de categorías especiales de datos fundados en el Derecho español deberá estar amparado en una norma con rango de ley:**

a) El interesado dio su consentimiento explícito para el tratamiento de dichos datos personales con uno o más de los fines especificados.
b) El tratamiento es necesario para el cumplimiento de obligaciones y el ejercicio de derechos específicos del responsable del tratamiento o del interesado en el ámbito del Derecho laboral y de la seguridad y protección social.
c) El tratamiento es necesario para proteger intereses vitales del interesado o de otra persona física, en el supuesto de que el interesado no esté capacitado, física o jurídicamente, para dar su consentimiento.
d) El tratamiento es necesario por razones de interés público en el ámbito de la salud pública, como la protección frente a amenazas transfronterizas graves para la salud, o para garantizar elevados niveles de calidad y de seguridad de la asistencia sanitaria y de los medicamentos o productos sanitarios.

**14. Señala la opción incorrecta. Conforme al artículo 11.3 de la LO 3/2018, la información básica que el responsable del tratamiento ha de facilitar al afectado, cuando los datos personales se hayan obtenido de éste, debe contener obligatoriamente:**

a) La finalidad del tratamiento.
b) La identidad del responsable del tratamiento y de su representante, en su caso.
c) La posibilidad de ejercer los derechos establecidos en los artículos 15 a 22 del RGPD.
d) Las categorías de datos objeto de tratamiento.

**15. Según el artículo 7.1 de la LO 3/2018, el tratamiento de los datos personales de un menor de edad únicamente podrá fundarse en su consentimiento cuando sea mayor de:**

a) 12 años.
b) 13 años.
c) 14 años.
d) 16 años.

**16. Conforme al artículo 17 del RGPD, el derecho de supresión no se podrá aplicar cuando:**

a) El interesado retire el consentimiento en que se basa el tratamiento, y este no se base en otro fundamento jurídico.

b) El tratamiento sea necesario para la formulación, el ejercicio o la defensa de reclamaciones.

c) El interesado se oponga al tratamiento y no prevalezcan otros motivos legítimos para el tratamiento.

d) El interesado se oponga al tratamiento cuando el tratamiento de datos personales tenga por objeto la mercadotecnia directa.

**17. Conforme al artículo 12 de la LO 3/2018, los derechos reconocidos en los artículos 15 a 22 del RGPD:**

a) Sólo podrán ser ejercidos directamente por el afectado.

b) Deberán ejercerse bien directamente por el afectado o por representante legal.

c) Deberán ejercerse bien directamente por el afectado o por representante voluntario.

d) Podrán ejercerse directamente o por medio de representante legal o voluntario.

**18. Según el artículo 12.4 de la LO 3/2018, la prueba del cumplimiento del deber de responder a la solicitud de ejercicio de sus derechos formulado por el afectado recaerá:**

a) Sobre el responsable del tratamiento.

b) Sobre el encargado del tratamiento.

c) Bien sobre el responsable o bien sobre el encargado.

d) Sobre el representante legal del afectado.

**19. En virtud del artículo 12 de la LO 3/2018 es cierto, en relación a los medios para que el afectado pueda ejercer sus derechos, que:**

a) El encargado del tratamiento estará obligado a informar al afectado sobre los medios a su disposición para ejercer los derechos que le corresponden.

b) Los medios deberán ser consensuados con los afectados antes de poner en marcha el tratamiento.

c) Los medios deberán ser fácilmente accesibles para el afectado.

d) El ejercicio del derecho podrá ser denegado cuando el afectado opte por otro medio.

**20. En relación al derecho de acceso, el artículo 13 de la LO 3/2018 dispone que:**

a) Cuando el responsable trate una gran cantidad de datos relativos al afectado y este ejercite su derecho de acceso sin especificar si se refiere a todos o a una parte de los datos, el responsable deberá facilitar la totalidad de los datos.

b) El derecho de acceso se entenderá otorgado si el responsable del tratamiento facilitara al afectado un sistema de acceso remoto, directo y seguro a los datos personales que garantice, temporalmente, el acceso a su totalidad.

c) Se podrá considerar repetitivo el ejercicio del derecho de acceso en más de una ocasión durante el plazo de seis meses, a menos que exista causa legítima para ello.

d) Cuando el afectado elija un medio distinto al que se le ofrece deberá asumir los costes que su elección comporte.

**21. Según la Ley Orgánica 3/2018 de Protección de Datos Personales y garantía de los derechos digitales, se podrá considerar repetitivo el derecho del ejercicio de acceso en más de una ocasión durante el plazo de:**

a) 6 meses.
b) 1 mes.
c) 3 meses.
d) 12 meses.

**22. Conforme al artículo 18 del RGPD, el interesado tendrá derecho a obtener del responsable del tratamiento la limitación del tratamiento de los datos:**

a) Cuando los datos personales ya no sean necesarios en relación con los fines para los que fueron recogidos o tratados de otro modo.

b) Para que el interesado pueda ejercer el derecho a la libertad de expresión e información.

c) Cuando el interesado impugne la exactitud de los datos personales, durante un plazo que permita al responsable verificar la exactitud de los mismos.

d) Por razones de interés público en el ámbito de la salud pública.

**23. Conforme al artículo 94 de la LO 3/2018, toda persona tiene derecho a que sean suprimidos los datos personales que le conciernan y que hubiesen sido facilitados por terceros para su publicación por los servicios de redes sociales y servicios de la sociedad de la información equivalentes cuando fuesen inadecuados, inexactos, no pertinentes, no actualizados o:**

a) Excesivos.
b) Molestos.
c) Improbables.
d) Perniciosos.

**24. Conforme al artículo 85 de la LO 3/2018, los responsables de redes sociales y servicios equivalentes deben adoptar protocolos adecuados para posibilitar, ante los usuarios que difundan contenidos que atenten contra el derecho al honor, la intimidad personal y familiar en Internet, el ejercicio del derecho de:**

a) Olvido.
b) Portabilidad.
c) Rectificación.
d) Información.

**25. Conforme al artículo 81 de la LO 3/2018, se garantizará para toda la población un acceso universal a internet, asequible, de calidad y:**

a) Gratuito.
b) Seguro.
c) Estable.
d) No discriminatorio.

# Solución al test n.º 10

**1.** a) Adaptar el ordenamiento jurídico español al Reglamento General de Protección de Datos y completar sus disposiciones.

**2.** c) 18.4.

**3.** d) Podrán dirigirse al responsable o encargado del tratamiento al objeto de solicitar el acceso a los datos personales de aquella y, en su caso, su rectificación o supresión.

**4.** d) Por Real Decreto.

**5.** d) Principio de minimización de datos.

**6.** a) Actualizados.

**7.** a) Hubiesen sido obtenidos por el responsable directamente del encargado.

**8.** c) Los responsables y encargados del tratamiento de datos así como todas las personas que intervengan en cualquier fase de este.

**9.** c) Inequívoca.

**10.** a) Será preciso que conste de manera específica e inequívoca que dicho consentimiento se otorga para todas ellas.

**11.** b) Integridad y confidencialidad.

**12.** a) Cuando así lo prevea una norma de Derecho de la Unión Europea o una norma con rango de ley.

**13.** d) El tratamiento es necesario por razones de interés público en el ámbito de la salud pública, como la protección frente a amenazas transfronterizas graves para la salud, o para garantizar elevados niveles de calidad y de seguridad de la asistencia sanitaria y de los medicamentos o productos sanitarios.

**14.** d) Las categorías de datos objeto de tratamiento.

**15.** c) 14 años.

**16.** b) El tratamiento sea necesario para la formulación, el ejercicio o la defensa de reclamaciones.

**17.** d) Podrán ejercerse directamente o por medio de representante legal o voluntario.

**18.** a) Sobre el responsable del tratamiento.

**19.** c) Los medios deberán ser fácilmente accesibles para el afectado.

**20.** c) Se podrá considerar repetitivo el ejercicio del derecho de acceso en más de una ocasión durante el plazo de seis meses, a menos que exista causa legítima para ello.

**21.** a) 6 meses.

**22.** c) Cuando el interesado impugne la exactitud de los datos personales, durante un plazo que permita al responsable verificar la exactitud de los mismos.

**23.** a) Excesivos.

**24.** c) Rectificación.

**25.** d) No discriminatorio.

**La Ley 40/2015, de 1 de octubre, de Régimen Jurídico del Sector Público. Objeto, ámbito de aplicación y principios generales (artículos 1 a 4). Órganos administrativos (artículo 5). Competencia: delegación y avocación, encomienda de gestión, delegación de firma y suplencia (artículos 8 a 13, ambos inclusive). Órganos colegiados: funcionamiento (artículos 15 a 18). Abstención y recusación (artículos 23 y 24). Principios de la potestad sancionadora (artículos 25 a 31). Principios de la responsabilidad patrimonial de las Administraciones Públicas (artículo 32)**

**1. En cuanto a la competencia de los órganos administrativos:**

a) La competencia es renunciable por los órganos que la tengan atribuida.

b) La titularidad y el ejercicio de las competencias atribuidas a los órganos administrativos no podrán ser desconcentradas en otros jerárquicamente dependientes de aquellos.

c) La encomienda de gestión, la delegación de firma y la suplencia no suponen alteración de la titularidad de la competencia, aunque sí de los elementos determinantes de su ejercicio que en cada caso se prevén.

d) Si alguna disposición atribuye competencia a una Administración, sin especificar el órgano que debe ejercerla, se entenderá que la facultad de instruir y resolver los expedientes corresponde a los órganos superiores competentes por razón de la materia y del territorio.

**2. En referencia a los órganos administrativos, podrán delegar competencias relativas a:**

a) Asuntos que se refieran a relaciones con la Jefatura del Estado.

b) La adopción de disposiciones de carácter general.

c) La resolución de recursos en los órganos administrativos que hayan dictado los actos objeto de recurso.

d) El ejercicio de la potestad sancionadora.

**3. En relación con la delegación de competencias entre órganos administrativos, no es cierto que:**

a) La delegación puede ser revocada en cualquier momento por el órgano que la haya conferido.

b) La delegación de competencias atribuidas a órganos colegiados, para cuyo ejercicio ordinario se requiera un quórum especial, deberá adoptarse observando, en todo caso, dicho quórum.

c) Las competencias que se ejercen por delegación pueden ser delegadas.

d) No podrán ser delegadas aquellas materias en que así se determine por norma con rango de ley.

**4. En cuanto a la delegación de firma, es cierto que:**

a) La delegación de firma altera la competencia del órgano delegante.

b) Para su validez es necesaria su publicación.

c) Solo puede delegarse la firma en materias que se ostenten por atribución.

d) En las resoluciones y actos que se firmen por delegación se hará constar la autoridad de procedencia.

**5. A tenor del art. 30 de la LRJSP las infracciones y sanciones prescribirán según lo dispuesto en las leyes que las establezcan. Si estas no fijan plazos de prescripción:**

a) Las infracciones muy graves prescribirán a los tres años, las graves al año y las leves a los tres meses.

b) Las infracciones muy graves prescribirán a los dos años, las graves al año y las leves a los seis meses.

c) Las infracciones muy graves prescribirán a los tres años, las graves a los dos años y las leves a los seis meses.

d) Las infracciones muy graves prescribirán a los tres años, las graves a los dos años y las leves al mes.

**6. A tenor de lo dispuesto en el artículo 11.3. b) de la Ley 40/2015, de 1 de octubre, de Régimen Jurídico del Sector Público, ¿qué ocurre cuando la encomienda de gestión se realice entre órganos de distintas Administraciones?**

a) Se formalizará en la forma que normativamente se establezca.

b) Se formalizará mediante firma del correspondiente convenio entre ellas.

c) Se formalizará mediante firma del correspondiente contrato administrativo entre ellas.

d) Se formalizará mediante firma del correspondiente concierto entre ellas.

**7. Señala la respuesta incorrecta. Las autoridades y el personal al servicio de las Administraciones se abstendrán de intervenir en el procedimiento:**

a) Cuando tengan interés personal en el asunto de que se trate o en otro en cuya resolución pudiera influir la de aquel.

b) Si tienen parentesco de consanguinidad o de afinidad dentro del cuarto grado, con cualquiera de los interesados.

c) Cuando tengan amistad íntima con los administradores de entidades o sociedades interesadas o con los asesores, representantes legales o mandatarios que intervengan en el procedimiento.

d) Por haber intervenido como perito o como testigo en el procedimiento de que se trate.

## 8. Señala la respuesta correcta en relación con la abstención en el procedimiento:

a) La actuación de autoridades y personal al servicio de las Administraciones Públicas en los que concurran motivos de abstención implicará, necesariamente, la invalidez de los actos en que hayan intervenido.

b) Los órganos jerárquicamente superiores podrán ordenar a las personas en quienes se dé alguna de las circunstancias señaladas en el art. 23 de la LRJSP que se abstengan de toda intervención en el expediente.

c) La no abstención en los casos en que proceda no dará lugar a responsabilidad.

d) La enemistad manifiesta no es motivo de abstención en el procedimiento de una autoridad de la Administración Pública.

## 9. En lo concerniente a la recusación, a la que se refiere el art. 24 de la LRJSP:

a) La recusación deberá promoverse por los interesados antes de que se inicie la tramitación del procedimiento.

b) La recusación se planteará por escrito en el que se expresará la causa o causas en que se funda.

c) Si el recusado niega la causa de recusación, el superior resolverá en el plazo de tres meses, previos los informes y comprobaciones que considere oportunos.

d) Contra las resoluciones adoptadas en esta materia cabe recurso de alzada.

## 10. Señala la respuesta incorrecta respecto a la prescripción:

a) El plazo de prescripción de las infracciones comenzará a contarse desde el día en que la infracción se hubiera cometido.

b) En el caso de desestimación presunta del recurso de alzada interpuesto contra la resolución por la que se impone la sanción, el plazo de prescripción de la sanción comenzará a contarse desde el día siguiente a aquel en que finalice el plazo legalmente previsto para la resolución de dicho recurso.

c) El plazo de prescripción de las infracciones continuadas o permanentes comenzará a correr desde que finalizó la conducta infractora.

d) El plazo de prescripción de las sanciones comenzará a contarse desde el mismo día en que sea ejecutable la resolución por la que se impone la sanción o haya transcurrido el plazo para recurrirla.

## 11. De conformidad con el artículo 8 de la Ley 40/2015, de 1 de octubre, de Régimen Jurídico del Sector Público, la competencia para el dictado de actos administrativos:

a) Es irrenunciable y siempre se ejercerá por los órganos administrativos que la tengan atribuida como propia.

b) Se puede delegar en todo caso.

c) Es irrenunciable y se ejercerá por los órganos administrativos que la tengan atribuida como propia, salvo los casos de delegación o avocación, en los términos previstos en la ley.

d) Es irrenunciable y se ejercerá por los órganos administrativos que la tengan atribuida como propia, salvo los casos de delegación de firma o suplencia, en los términos previstos en la ley.

**12. En ningún caso podrán ser objeto de delegación, tal y como dispone la Ley 40/2015, de 1 de octubre, competencias relativas a:**

a) La resolución de los recursos de alzada.
b) La adopción de disposiciones de carácter general.
c) Las resoluciones en materia de personal.
d) Las resoluciones de responsabilidad patrimonial.

**13. Según dispone el artículo 23 de la Ley 40/2015, de 1 de octubre, de Régimen Jurídico del Sector Público, es motivo de abstención:**

a) Tener interés personal en el asunto de que se trate o en otro en cuya resolución pudiera influir la de aquel, ser administrador de sociedad o entidad interesada, o tener cuestión litigiosa pendiente con algún interesado.
b) Tener parentesco de consanguinidad dentro del cuarto grado o de afinidad dentro del tercero, con cualquiera de los interesados, con los administradores de entidades o sociedades interesadas o con sus asesores o representantes legales.
c) Haber prestado servicios profesionales de cualquier tipo y en cualquier circunstancia o lugar en los cinco últimos años a persona natural interesada directamente en el asunto.
d) Haber prestado servicios profesionales de cualquier tipo y en cualquier circunstancia o lugar en los cinco últimos años a persona jurídica interesada directamente en el asunto.

**14. La recusación de acuerdo con el artículo 24 de la Ley 40/2015, de 1 de octubre, de Régimen Jurídico del Sector Público, la promueve:**

a) La autoridad.
b) El superior jerárquico de la autoridad o funcionario.
c) El interesado.
d) El funcionario.

**15. Según dispone el artículo 23 de la Ley 40/2015, de 1 de octubre, de Régimen Jurídico del Sector Público, NO es un motivo de abstención:**

a) Haber tenido intervención como perito en el procedimiento de que se trate.
b) Tener parentesco de afinidad dentro del segundo grado, con cualquiera de los interesados, con los administradores de entidades o sociedades interesadas y también con los asesores, representantes legales o mandatarios que intervengan en el procedimiento.

c) Tener parentesco de afinidad dentro del cuarto grado, con cualquiera de los interesados, con los administradores de entidades o sociedades interesadas y también con los asesores, representantes legales o mandatarios que intervengan en el procedimiento.

d) Haber tenido intervención como testigo en el procedimiento de que se trate.

**16. Según el artículo 9 de la Ley 40/2015, de 1 de octubre, de Régimen Jurídico del Sector Público, la delegación de competencias:**

a) Será revocable en cualquier momento por el órgano que la haya conferido.

b) Es irrevocable.

c) Será revocable solo por el Consejo de Gobierno.

d) Será revocable solo por el Consejo de Ministros.

**17. Conforme a lo dispuesto en el artículo 5.3 de la Ley 40/2015, de 1 de octubre, de Régimen Jurídico del Sector Público, ¿qué requisito, de los siguientes, debe cumplirse para la creación de cualquier órgano administrativo?**

a) Determinar su forma de descentralización en la Administración Pública de que se trate.

b) Fijar los objetivos de interés común a cumplir.

c) La dotación de los créditos necesarios para su puesta en marcha y funcionamiento.

d) Deben cumplirse todos los requisitos anteriores.

**18. De acuerdo con lo dispuesto en el artículo 8.1 de la Ley 40/2015, de 1 de octubre, de Régimen Jurídico del Sector Público, ¿cómo es la competencia que ejerce un órgano administrativo que la tenga atribuida como propia?**

a) Es compartida con el órgano de superior jerarquía.

b) Es irrenunciable.

c) Es renunciable ante el órgano superior del mismo ente.

d) Es renunciable ante el órgano superior del mismo ente, a través de la técnica de la avocación.

**19. Señala la respuesta correcta. De acuerdo con lo dispuesto en el artículo 8 de la Ley 40/2015, de 1 de octubre, de Régimen Jurídico del Sector Público:**

a) Se pueden crear órganos que supongan duplicación de otros ya existentes.

b) La delegación de firma y la suplencia supone alteración de la titularidad de la competencia.

c) La encomienda de gestión supone alteración de la titularidad de la competencia.

d) Salvo los casos de avocación o delegación la competencia es irrenunciable.

**20. Señala la respuesta correcta. Según el artículo 9 de la Ley 40/2015, de 1 de octubre, de Régimen Jurídico del Sector Público:**

a) Los órganos de las diferentes Administraciones Públicas no podrán delegar el ejercicio de competencias que tengan atribuidas en otros órganos de la misma Administración, aun cuando no sean jerárquicamente dependientes.

b) No podrán ser objeto de delegación las competencias relativas a asuntos que se refieran a las relaciones con las Asambleas Legislativas de las Comunidades Autónomas.

c) Se podrán delegar las competencias relativas a asuntos que se refieran a las relaciones con las Cortes Generales.

d) Podrá ser objeto de delegación la resolución de recursos en los órganos administrativos que hayan dictado los actos objeto de recurso.

**21. A tenor de lo dispuesto en el artículo 9.3 de la Ley 40/2015, de 1 de octubre, de Régimen Jurídico del Sector Público, ¿dónde deberán publicarse la delegación de competencias y su revocación?**

a) En el Boletín Oficial del Estado, siempre.

b) En el Diario Oficial de la Comunidad Autónoma.

c) En el Diario Oficial de la Provincia.

d) El medio de publicación dependerá de la Administración a que pertenezca el órgano delegante y el ámbito territorial de competencia de este.

**22. Señala la respuesta correcta. Conforme a lo dispuesto en el artículo 9 de la Ley 40/2015, de 1 de octubre, de Régimen Jurídico del Sector Público:**

a) La delegación será revocable en cualquier momento por el órgano que la haya conferido.

b) Las resoluciones administrativas que se adopten por delegación se considerarán dictadas por el órgano delegado.

c) Salvo autorización expresa de un Reglamento, no podrán delegarse competencias que se ejerzan por delegación.

d) La delegación será revocable en cualquier momento por el órgano que la haya aceptado.

**23. ¿Cuál de las respuestas referidas a la avocación es correcta, teniendo en cuenta lo dispuesto en el artículo 10 de la Ley 40/2015, de 1 de octubre, de Régimen Jurídico del Sector Público?**

a) La avocación se realizará mediante acuerdo motivado que deberá ser notificado a los interesados, si los hubiere, con anterioridad a la incoación del procedimiento.

b) Contra el acuerdo de avocación solo cabrá el recurso de alzada.

c) La avocación se realizará mediante acuerdo motivado que deberá ser notificado a los interesados, si los hubiere, con anterioridad a la resolución final que se dicte.

d) Contra el acuerdo de avocación solo cabrá el recurso de reposición.

**24. De acuerdo con el artículo 11 de la Ley 40/2015, de 1 de octubre, de Régimen Jurídico del Sector Público, ¿qué supone la encomienda de gestión?**

a) Supone cesión de elementos sustantivos de la competencia.

b) Supone cesión de titularidad de la competencia.

c) Supone la avocación del órgano superior, que la podrá ejercer cuando lo estime oportuno.

d) Supone cesión de la realización de actividades de carácter material o técnico de la competencia de los órganos administrativos.

**25. Según dispone el art. 30 de la LRJSP:**

a) Las sanciones impuestas por faltas muy graves prescribirán a los cinco años, las impuestas por faltas graves a los tres años y las impuestas por faltas leves a los dos años.

b) Las sanciones impuestas por faltas muy graves prescribirán a los tres años, las impuestas por faltas graves a los dos años y las impuestas por faltas leves al año.

c) Las sanciones impuestas por faltas muy graves prescribirán a los dos años, las impuestas por faltas graves al año y las impuestas por faltas leves a los seis meses.

d) Las sanciones impuestas por faltas muy graves prescribirán a los dos años, las impuestas por faltas graves al año y las impuestas por faltas leves a los tres meses.

# Solución al test n.º 11

**1.** c) La encomienda de gestión, la delegación de firma y la suplencia no suponen alteración de la titularidad de la competencia, aunque sí de los elementos determinantes de su ejercicio que en cada caso se prevén.

**2.** d) El ejercicio de la potestad sancionadora.

**3.** c) Las competencias que se ejercen por delegación pueden ser delegadas.

**4.** d) En las resoluciones y actos que se firmen por delegación se hará constar la autoridad de procedencia.

**5.** c) Las infracciones muy graves prescribirán a los tres años, las graves a los dos años y las leves a los seis meses.

**6.** b) Se formalizará mediante firma del correspondiente convenio entre ellas.

**7.** b) Si tienen parentesco de consanguinidad o de afinidad dentro del cuarto grado, con cualquiera de los interesados.

**8.** b) Los órganos jerárquicamente superiores podrán ordenar a las personas en quienes se dé alguna de las circunstancias señaladas en el art. 23 de la LRJSP que se abstengan de toda intervención en el expediente.

**9.** b) La recusación se planteará por escrito en el que se expresará la causa o causas en que se funda.

**10.** d) El plazo de prescripción de las sanciones comenzará a contarse desde el mismo día en que sea ejecutable la resolución por la que se impone la sanción o haya transcurrido el plazo para recurrirla.

**11.** c) Es irrenunciable y se ejercerá por los órganos administrativos que la tengan atribuida como propia, salvo los casos de delegación o avocación, en los términos previstos en la ley.

**12.** b) La adopción de disposiciones de carácter general.

**13.** a) Tener interés personal en el asunto de que se trate o en otro en cuya resolución pudiera influir la de aquel, ser administrador de sociedad o entidad interesada, o tener cuestión litigiosa pendiente con algún interesado.

**14.** c) El interesado.

**15.** c) Tener parentesco de afinidad dentro del cuarto grado, con cualquiera de los interesados, con los administradores de entidades o sociedades interesadas y también con los asesores, representantes legales o mandatarios que intervengan en el procedimiento.

**16.** a) Será revocable en cualquier momento por el órgano que la haya conferido.

**17.** c) La dotación de los créditos necesarios para su puesta en marcha y funcionamiento.

**18.** b) Es irrenunciable.

**19.** d) Salvo los casos de avocación o delegación la competencia es irrenunciable.

**20.** b) No podrán ser objeto de delegación las competencias relativas a asuntos que se refieran a las relaciones con las Asambleas Legislativas de las Comunidades Autónomas.

**21.** d) El medio de publicación dependerá de la Administración a que pertenezca el órgano delegante y el ámbito territorial de competencia de este.

**22.** a) La delegación será revocable en cualquier momento por el órgano que la haya conferido.

**23.** c) La avocación se realizará mediante acuerdo motivado que deberá ser notificado a los interesados, si los hubiere, con anterioridad a la resolución final que se dicte.

**24.** d) Supone cesión de la realización de actividades de carácter material o técnico de la competencia de los órganos administrativos.

**25.** b) Las sanciones impuestas por faltas muy graves prescribirán a los tres años, las impuestas por faltas graves a los dos años y las impuestas por faltas leves al año.

# TEST N.º 12

**Ley 19/2013, de 9 de diciembre, de transparencia, acceso a la información pública y buen gobierno. Objeto y ámbito subjetivo de aplicación (artículos 1 a 4, ambos inclusive). Publicidad activa: principios generales (artículo 5); información institucional, organizativa y de planificación (artículo 6); e información económica, presupuestaria y estadística (artículo 8). Derecho de acceso a la información pública: régimen general, ejercicio del derecho y formalización del acceso (artículos 12 al 20, ambos inclusive, y artículo 22)**

**1. En el Capítulo I del Título I: "Transparencia de la actividad pública" de la Ley 19/2013, concretamente en el art. 3, se señala que serán objeto de aplicación de las disposiciones las entidades privadas:**

a) En cuyo capital social la participación, directa o indirecta, sea superior al 50 por 100.

b) Que perciban durante el período de un año ayudas o subvenciones públicas en una cuantía superior a 100.000 euros o cuando al menos el 40% del total de sus ingresos anuales tengan carácter de ayuda o subvención pública, siempre que alcancen como mínimo la cantidad de 5.000 euros.

c) Con personalidad jurídica propia, vinculadas a cualquiera de las Administraciones Públicas o dependientes de ellas.

d) Que tengan atribuidas funciones de regulación o supervisión de carácter externo sobre un determinado sector o actividad.

**2. A tenor del artículo 2.1 de la Ley 19/2013, es cierto que las disposiciones del título I son de aplicación a:**

a) Las entidades gestoras y los servicios comunes de la Seguridad Social, pero no a las mutuas de accidentes de trabajo y enfermedades profesionales colaboradoras de la Seguridad Social.

b) Las corporaciones de Derecho Público, en relación a todas sus actividades.

c) Los organismos autónomos, las Agencias Estatales, las entidades públicas empresariales y las entidades de Derecho Público que, con independencia funcional o con una especial autonomía reconocida por la Ley, tengan atribuidas funciones de regulación o supervisión de carácter externo sobre un determinado sector o actividad.

d) Las sociedades mercantiles.

**3. Señalar la opción incorrecta. Lo dispuesto en el capítulo II (publicidad activa) del Título I (transparencia de la actividad pública) de la Ley 19/2013 es de aplicación:**

a) A los sindicatos.
b) A los partidos políticos.
c) A las organizaciones empresariales.
d) A las comunidades de propietarios.

**4. A tenor del artículo 3 de la Ley 19/2013, qué parte de esta ley es de aplicación a los partidos políticos:**

a) El título I, referido a la transparencia de la actividad pública.
b) Del título I, el capítulo III referido al derecho de acceso a la información pública.
c) La Ley en su totalidad.
d) Del título I, el capítulo II, referido a la publicidad activa.

**5. Según el artículo 5.4 de la Ley 19/2013, de 9 de diciembre, de transparencia, acceso a la información pública y buen gobierno, la información sujeta a las obligaciones de transparencia será publicada en las correspondientes sedes electrónicas o páginas web:**

a) De una manera clara, estructurada y entendible para los interesados.
b) Obligatoriamente, en formatos reutilizables.
c) Previa autorización del órgano inmediatamente superior al responsable de la sede electrónica o página web.
d) En los términos que establezca una ley.

**6. En virtud del artículo 5.3 de la Ley 19/2013, cuando la información pública contuviera datos especialmente protegidos, la publicidad sólo se llevará a cabo:**

a) Previa disociación de los mismos.
b) Previo consentimiento de los afectados.
c) De forma personalizada.
d) De forma codificada.

**7. Según el artículo 5.4 de la Ley 19/2013, la información sujeta a las obligaciones de transparencia será publicada en las correspondientes sedes electrónicas o páginas web y de una manera clara, estructurada y entendible para los interesados y, preferiblemente:**

a) En formatos reutilizables.
b) En diferentes idiomas.
c) En la página de inicio.
d) Codificada.

**8. En relación a la información sujeta a las obligaciones de transparencia, el artículo 5.4 de la Ley 19/2013 señala que, se establecerán los mecanismos adecuados para facilitar la accesibilidad, la interoperabilidad, la calidad y la reutilización de la información publicada así como su identificación y:**

a) Temporalidad.
b) Localización.
c) Estructura.
d) Conservación.

**9. Por el artículo 5.4 de la Ley 19/2013, se permite que el cumplimiento de las obligaciones derivadas de esta Ley se realice utilizando los medios electrónicos puestos a su disposición por la Administración Pública de la que provenga la mayor parte de las ayudas o subvenciones públicas percibidas, a:**

a) Las entidades sin ánimo de lucro.
b) Las entidades sin ánimo de lucro que persigan exclusivamente fines de interés social o cultural.
c) A cualquier entidad sin ánimo de lucro que contenga entre sus fines, fines de interés social o cultural.
d) Entidades sin ánimo de lucro que persigan exclusivamente fines de interés social o cultural y cuyo presupuesto sea inferior a 50.000 euros.

**10. Según el artículo 5.5 de la Ley 19/2013, de 9 de diciembre, de transparencia, acceso a la información pública y buen gobierno, toda la información será comprensible, de acceso fácil y gratuito y estará a disposición de las personas con discapacidad en una modalidad suministrada por medios o en formatos adecuados de manera que resulten accesibles y comprensibles, conforme al principio de:**

a) Igualdad de oportunidades.
b) No discriminación.
c) Eficacia.
d) Accesibilidad universal y diseño para todos.

**11. Conforme al artículo 6.1 de la Ley 19/2013, los sujetos comprendidos en el ámbito de aplicación del título I publicarán información relativa a las funciones que desarrollan, la normativa que les sea de aplicación así como a su estructura organizativa. A estos efectos, para identificar a los responsables de los diferentes órganos y su perfil y trayectoria profesional, deberán incluir:**

a) Los currículos de los órganos directivos unipersonales.
b) Las declaraciones de bienes de los órganos directivos.
c) Un organigrama actualizado.
d) La relación de puestos directivos.

**12. En relación a la información institucional, organizativa y de planificación, el artículo 6 de la Ley 19/2013 dispone que:**

a) Todos los empleados públicos deberán publicar información relativa a las funciones que desarrollan.

b) Las Administraciones Públicas publicarán los planes y programas anuales y plurianuales en los que se fijen objetivos concretos, así como las actividades, medios y tiempo previsto para su consecución.

c) El grado de cumplimiento y resultados de los planes y programas anuales y plurianuales de las Administraciones Públicas en los que se fijen objetivos concretos deberán ser objeto de evaluación y publicación periódica junto con los indicadores de medida y valoración, en la forma en que se determine por la Administración General del Estado.

d) En el ámbito de la Administración General del Estado corresponde a las secretarías generales la evaluación del cumplimiento de estos planes y programas.

**13. Conforme al artículo 6 bis de la Ley 19/2013, cuál de las siguientes categorías de responsables o encargados deberán hacer público un inventario de sus actividades de tratamiento de datos de carácter personal accesible por medios electrónicos:**

a) Los consorcios.

b) Los bancos y las cajas de ahorros.

c) Las universidades privadas.

d) Los sindicatos.

**14. Según el artículo 8.1 de la Ley 19/2013, la información relativa a los contratos menores:**

a) Deberá realizarse mensualmente.

b) Deberá realizarse trimestralmente.

c) Podrá realizarse trimestralmente.

d) Podrá realizarse semestralmente.

**15. Conforme al artículo 8 de la Ley 19/2013, de 9 de diciembre, de transparencia, acceso a la información pública y buen gobierno, NO es necesario que los sujetos incluidos en el ámbito de aplicación de su título I deban hacer pública, la siguiente información relativa a los actos de gestión administrativa con repercusión económica o presupuestaria:**

a) La relación de los convenios suscritos, con mención de las partes firmantes, su objeto, plazo de duración, modificaciones realizadas, obligados a la realización de las prestaciones y, en su caso, las obligaciones económicas convenidas.

b) Las declaraciones anuales de bienes y actividades de los representantes locales, con especial referencia a los datos relativos a la localización concreta de los bienes inmuebles.

c) Las retribuciones percibidas anualmente por los altos cargos y máximos respon-sables de las entidades incluidas en el ámbito de la aplicación del citado título I. Igual-mente, se harán públicas las indemnizaciones percibidas, en su caso, con ocasión del abandono del cargo.

d) Las resoluciones de autorización o reconocimiento de compatibilidad que afecten a los empleados públicos así como las que autoricen el ejercicio de actividad privada al cese de los altos cargos de la Administración General del Estado o asimilados según la normativa autonómica o local.

**16. ¿Qué define el artículo 13 de la Ley 19/2013 como, los contenidos o docu-mentos, cualquiera que sea su formato o soporte, que obren en poder de alguno de los sujetos incluidos en el ámbito de aplicación de este título (título I) y que hayan sido elaborados o adquiridos en el ejercicio de sus funciones?**

a) La información pública.
b) La publicidad activa.
c) La información de relevancia jurídica.
d) La información general.

**17. A menos que el afectado hubiese hecho maniflestamente públicos los datos con anterioridad a que se solicitase el acceso, el acceso únicamente se podrá au-torizar en caso de que se contase con el consentimiento expreso y por escrito del afectado, cuando:**

a) La información contuviera datos personales que revelen la ideología, afiliación sin-dical, religión o creencias.
b) La información incluyese datos personales que hagan referencia al origen racial, a la salud o a la vida sexual.
c) La información contuviera datos relativos a la comisión de infracciones penales o administrativas que no conllevasen la amonestación pública al infractor.
d) La información incluyese datos genéticos o biométricos.

**18. Si la información pública solicitada incluyese datos personales que hagan referencia a la salud:**

a) Sólo se concederá el acceso previa ponderación suficientemente razonada del in-terés público en la divulgación de la información y los derechos de los afectados cuyos datos aparezcan en la información solicitada.
b) Solo podrá autorizarse el acceso al propio afectado o a su representante.
c) Solo se podrá autorizar el acceso en caso de que se cuente con el consentimiento expreso del afectado.
d) Solo se podrá autorizar el acceso en caso de que se cuente con el consentimiento expreso del afectado o si el acceso estuviera amparado por una norma con rango de ley.

**19. Según lo previsto en el artículo 18 de la Ley 19/2013, de 9 de diciembre, de transparencia, acceso a la información pública y buen gobierno, se inadmitirán a trámite, mediante resolución motivada, las solicitudes de acceso a la información:**

a) Relativas a los intereses económicos y turísticos.

b) Relativas a la garantía de la confidencialidad o el secreto requerido en procesos de toma de decisión.

c) Relativas a información para cuya divulgación sea necesaria una acción previa de reelaboración.

d) Relativas a infraestructuras críticas.

**20. No es una causa de inadmisión de las solicitudes de acceso a la información pública:**

a) Que se refieran a información que esté en curso de elaboración o de publicación general.

b) Que se dirijan a un órgano en cuyo poder no obre la información.

c) Que sean manifiestamente repetitivas.

d) Que se refieran a información para cuya divulgación sea necesaria una acción previa de reelaboración.

**21. Cuando la solicitud de información pública no identifique de forma suficiente la información, se pedirá al solicitante que la concrete en un plazo de:**

a) 10 días.

b) 15 días.

c) 20 días.

d) 30 días.

**22. En relación a la solicitud de acceso a la información pública, es cierto que:**

a) Los solicitantes de información podrán dirigirse a las Administraciones Públicas en cualquiera de las lenguas cooficiales del Estado en el territorio en el que radique la Administración en cuestión.

b) El solicitante está obligado a motivar su solicitud de acceso a la información.

c) El solicitante podrá exponer los motivos por los que solicita la información, en cuyo caso deberán ser tenidos en cuenta cuando se dicte la resolución.

d) La ausencia de motivación será por si sola causa de rechazo de la solicitud.

**23. Conforme al artículo 18.1 de la Ley 19/2013, las solicitudes referidas a información que tenga carácter auxiliar o de apoyo como la contenida en notas, borradores, opiniones, resúmenes, comunicaciones e informes internos o entre órganos o entidades administrativas:**

a) Están obligadas a indicar el motivo de la solicitud.

b) Se admitirán previa ponderación suficientemente razonada del interés público en la divulgación de la información.

c) Se inadmitirán a trámite, mediante resolución motivada.

d) Se entenderán dotadas de un carácter abusivo no justificado con la finalidad de transparencia de esta Ley.

**24. Según el artículo 19.3 de la Ley 19/2013, si la información solicitada pudiera afectar a derechos o intereses de terceros, debidamente identificados, se les concederá un plazo, para que puedan realizar las alegaciones que estimen oportunas, de:**

a) Siete días.
b) Diez días.
c) Quince días.
d) Veinte días.

**25. La resolución en la que se conceda o deniegue el acceso a información pública deberá notificarse al solicitante y a los terceros afectados que así lo hayan solicitado en el plazo máximo, desde la recepción de la solicitud por el órgano competente para resolver, de:**

a) 10 días.
b) 15 días.
c) 20 días.
d) 1 mes.

**26. El acceso a la información pública se realizará preferentemente por vía electrónica, salvo cuando no sea posible o el solicitante haya señalado expresamente otro medio. Cuando no pueda darse el acceso en el momento de la notificación de la resolución deberá otorgarse, en cualquier caso, en un plazo no superior a:**

a) 5 días.
b) 7 días.
c) 10 días.
d) 15 días.

**27. La motivación de una solicitud de acceso a la información, según la Ley 19/2013:**

a) Es requisito ineludible para que se facilite la información.
b) Será causa de rechazo de la solicitud.
c) Las dos respuestas anteriores son ciertas.
d) Se deja a la decisión del solicitante.

**28. El acceso a la información pública requiere:**

a) Solicitud previa.
b) Acreditación de la condición de interesado.

c) Motivación expresa.

d) La utilización de medios telemáticos.

**29. Transcurrido el plazo máximo para resolver una solicitud de acceso a información pública sin que se haya dictado y notificado resolución expresa se entenderá:**

a) Que la solicitud ha sido desestimada.

b) Que la solicitud se inadmitía a trámite.

c) Que el plazo para resolver queda prorrogado.

d) Que se suspende el plazo para dictar resolución.

**30. En relación a la formalización del acceso a información pública, es cierto que:**

a) El acceso a la información ha de realizarse por vía electrónica.

b) Si ha existido oposición de tercero, el acceso sólo tendrá lugar cuando, habiéndose concedido dicho acceso, haya transcurrido el plazo para interponer recurso contencioso administrativo sin que se haya formalizado o haya sido resuelto confirmando el derecho a recibir la información.

c) Si la información ya ha sido publicada, la resolución se ha de limitar a indicar al solicitante cómo puede acceder a ella.

d) En todo caso, la expedición de copias o la trasposición de la información a un formato diferente al original dará lugar a la exigencia de exacciones en los términos previstos en la Ley 8/1989, de 13 de abril, de Tasas y Precios Públicos, o, en su caso, conforme a la normativa autonómica o local que resulte aplicable.

# Solución al test n.º 12

**1.** b) Que perciban durante el período de un año ayudas o subvenciones públicas en una cuantía superior a 100.000 euros o cuando al menos el 40% del total de sus ingresos anuales tengan carácter de ayuda o subvención pública, siempre que alcancen como mínimo la cantidad de 5.000 euros.

**2.** c) Los organismos autónomos, las Agencias Estatales, las entidades públicas empresariales y las entidades de Derecho Público que, con independencia funcional o con una especial autonomía reconocida por la Ley, tengan atribuidas funciones de regulación o supervisión de carácter externo sobre un determinado sector o actividad.

**3.** d) A las comunidades de propietarios.

**4.** d) Del título I, el capítulo II, referido a la publicidad activa.

**5.** a) De una manera clara, estructurada y entendible para los interesados.

**6.** a) Previa disociación de los mismos.

**7.** a) En formatos reutilizables.

**8.** b) Localización.

**9.** d) Entidades sin ánimo de lucro que persigan exclusivamente fines de interés social o cultural y cuyo presupuesto sea inferior a 50.000 euros.

**10.** d) Accesibilidad universal y diseño para todos.

**11.** c) Un organigrama actualizado.

**12.** b) Las Administraciones Públicas publicarán los planes y programas anuales y plurianuales en los que se fijen objetivos concretos, así como las actividades, medios y tiempo previsto para su consecución.

**13.** a) Los consorcios.

**14.** c) Podrá realizarse trimestralmente.

**15.** b) Las declaraciones anuales de bienes y actividades de los representantes locales, con especial referencia a los datos relativos a la localización concreta de los bienes inmuebles.

**16.** a) La información pública.

**17.** a) La información contuviera datos personales que revelen la ideología, afiliación sindical, religión o creencias.

**18.** d) Solo se podrá autorizar el acceso en caso de que se cuente con el consentimiento expreso del afectado o si el acceso estuviera amparado por una norma con rango de ley.

**19.** c) Relativas a información para cuya divulgación sea necesaria una acción previa de reelaboración.

**20.** b) Que se dirijan a un órgano en cuyo poder no obre la información.

**21.** a) 10 días.

**22.** a) Los solicitantes de información podrán dirigirse a las Administraciones Públicas en cualquiera de las lenguas cooficiales del Estado en el territorio en el que radique la Administración en cuestión.

**23.** c) Se inadmitirán a trámite, mediante resolución motivada.

**24.** c) Quince días.

**25.** d) 1 mes.

**26.** c) 10 días.

**27.** d) Se deja a la decisión del solicitante.

**28.** a) Solicitud previa.

**29.** a) Que la solicitud ha sido desestimada.

**30.** b) Si ha existido oposición de tercero, el acceso sólo tendrá lugar cuando, habiéndose concedido dicho acceso, haya transcurrido el plazo para interponer recurso contencioso administrativo sin que se haya formalizado o haya sido resuelto confirmando el derecho a recibir la información.

**La Ley 9/2017, de 8 de noviembre, de Contratos del Sector Público. Objeto y finalidad (artículos 1 a 3, ambos inclusive). Delimitación de los tipos contractuales (artículos 12 a 18, ambos inclusive). Contratos sujetos a una regulación armonizada (artículos 21 a 23, ambos inclusive). Contratos administrativos y contratos privados (artículos 24 a 27, ambos inclusive)**

**1. La contratación administrativa en el sector público viene regulada por:**

a) La Ley 9/2017, de 8 de noviembre.
b) La Ley 6/2017, de 24 de octubre.
c) La Ley 3/2017, de 27 de junio.
d) La Ley 4/2017, de 25 de septiembre.

**2. Uno de los objetos de la Ley 9/2017 de Contratos del Sector Público, es asegurar una eficiente utilización de los fondos destinados a la realización de obras, la adquisición de bienes y la contratación de servicios mediante la exigencia de la definición previa de las necesidades a satisfacer, la salvaguarda de la libre competencia y la selección de la oferta económicamente más ventajosa, todo ello en conexión con el objetivo de estabilidad presupuestaria y control del gasto, y el principio de:**

a) Integridad.
b) Transparencia.
c) Efectividad.
d) Calidad.

**3. Señala la opción incorrecta: La Ley 9/2017, tal como dispone su artículo 1, tiene por objeto regular la contratación del sector público, a fin de garantizar que la misma se ajusta a los principios de:**

a) Libertad de acceso a las licitaciones.
b) Publicidad y transparencia de los procedimientos.
c) No discriminación e igualdad de trato entre los licitadores.
d) Responsabilidad por daños y perjuicios causados a terceros.

**4. Señala la opción incorrecta. Es objeto de la Ley 9/2017, regular la contratación del sector público, a fin de garantizar que la misma se ajusta a los principios de:**

a) Simplificación de la formalización de los contratos.
b) Libertad de acceso a las licitaciones.
c) No discriminación e igualdad de trato entre los licitadores.
d) Publicidad y transparencia de los procedimientos.

**5. Señala la opción incorrecta. Es objeto de la Ley 9/2017, regular la contratación del sector público, a fin de asegurar, en conexión con el objetivo de estabilidad presupuestaria y control del gasto, y el principio de integridad, una eficiente utilización de los fondos destinados a la realización de obras, la adquisición de bienes y la contratación de servicios mediante:**

a) La selección de la oferta económicamente más ventajosa.
b) La exigencia de la definición previa de las necesidades a satisfacer.
c) La salvaguarda de la libre competencia.
d) La reducción de las garantías exigibles.

**6. Conforme al artículo 1.3 de la Ley 9/2017, siempre que guarde relación con el objeto del contrato, en toda contratación pública se incorporarán de manera transversal y preceptiva criterios sociales y:**

a) Divulgativos.
b) Comunitarios.
c) Medioambientales.
d) Judiciales.

**7. Se entenderá que un contrato tiene carácter oneroso en los casos en que:**

a) El contratista obtenga algún tipo de beneficio económico de forma directa.
b) El órgano contratante obtenga algún tipo de beneficio económico.
c) El contratista obtenga algún tipo de beneficio económico, ya sea de forma directa o indirecta.
d) Tanto el órgano contratante como el contratista obtienen algún tipo de beneficio económico, ya sea de forma directa o indirecta.

**8. Se incluyen en el ámbito de aplicación de la Ley 9/2017 de Contratos del Sector Público:**

a) La relación de servicio de los funcionarios públicos y los contratos regulados en la legislación laboral.
b) Los contratos que tengan por objeto servicios relacionados con campañas políticas, cuando sean adjudicados por una Administración Pública.

c) Los contratos relativos a servicios de arbitraje y conciliación.

d) Las relaciones jurídicas consistentes en la prestación de un servicio público cuya utilización por los usuarios requiera el abono de una tarifa, tasa o precio público de aplicación general.

**9. Los fondos sin personalidad jurídica, a efectos de la Ley 9/2017:**

a) Tienen la consideración de Administración Pública.
b) Forman parte del Sector Público.
c) Se considerarán poderes adjudicadores.
d) Se consideran fundaciones.

**10. Señala la opción incorrecta. A efectos de la Ley 9/2017 tienen la consideración de fundaciones públicas aquellas que reúnan alguno de los siguientes requisitos:**

a) Que se constituyan de forma inicial, con una aportación mayoritaria, directa o indirecta, de una o varias entidades integradas en el sector público, o bien reciban dicha aportación con posterioridad a su constitución.
b) Que el patrimonio de la fundación esté integrado en más de un 50 por ciento por bienes o derechos aportados o cedidos por sujetos integrantes del sector público con carácter permanente.
c) Que persigan fines de interés general.
d) Que la mayoría de derechos de voto en su patronato corresponda a representantes del sector público.

**11. No es cierto que quedan excluidos del ámbito de la Ley 9/2017:**

a) Todos los contratos de concesiones de obras y concesiones de servicios, que se celebren en el ámbito de la seguridad y de la defensa.
b) Todos los acuerdos que celebre el Estado con otros Estados o con otros sujetos de derecho internacional.
c) Todos los contratos que deban adjudicarse de conformidad con un procedimiento de contratación específico que haya sido establecido en virtud de las normas de contratación aprobadas por una organización internacional o por una institución financiera internacional, siempre y cuando estén financiados íntegramente o mayoritariamente por esa institución.
d) Todos los contratos relativos a servicios de arbitraje y conciliación.

**12. Están incluidos en el ámbito de la Ley de Contratos del Sector Público:**

a) La relación de servicio de los funcionarios públicos y los contratos regulados en la legislación laboral.
b) Las relaciones jurídicas consistentes en la prestación de un servicio público cuya utilización por los usuarios requiera el abono de una tarifa, tasa o precio público de aplicación general.

c) Los contratos relativos a servicios de arbitraje y conciliación.

d) Los contratos onerosos, cualquiera que sea su naturaleza jurídica, que celebren las Mutuas de Accidentes de Trabajo y Enfermedades Profesionales de la Seguridad Social.

**13. Conforme al artículo 3.4 de la Ley 9/2017, los partidos políticos, cuando cumplan los requisitos para ser poder adjudicador y respecto de los contratos sujetos a regulación armonizada, deberán actuar conforme a los principios de publicidad, concurrencia, transparencia, igualdad y:**

a) No discriminación.
b) Eficacia.
c) Sometimiento a las leyes.
d) Legitimidad.

**14. Se incluyen en el ámbito de aplicación de la Ley 9/2017:**

a) Las relaciones jurídicas consistentes en la prestación de un servicio público cuya utilización por los usuarios requiera el abono de una tarifa, tasa o precio público de aplicación general.

b) Las encomiendas de gestión reguladas en la legislación vigente en materia de régimen jurídico del sector público.

c) Los contratos relativos a servicios de arbitraje y conciliación.

d) Los contratos subvencionados por entidades que tengan la consideración de poderes adjudicadores que celebren otras personas físicas o jurídicas en los supuestos previstos en el artículo 23 relativo a los contratos subvencionados sujetos a una regulación armonizada.

**15. Según el artículo 3.2. de la LCSP, tienen la consideración de Administración Pública:**

a) Las autoridades administrativas independientes.
b) Las fundaciones públicas.
c) Las Mutuas colaboradoras con la Seguridad Social.
d) Las Entidades Públicas Empresariales.

**16. Señala la opción incorrecta. A efectos de la Ley 9/2017 de Contratos del Sector Público, se consideran poderes adjudicadores:**

a) Las mutuas colaboradoras con la Seguridad Social.

b) Las fundaciones públicas.

c) Las entidades con personalidad jurídica propia que hayan sido creadas específicamente para satisfacer necesidades de interés general que tengan carácter industrial o mercantil.

d) Las entidades locales.

**17. Los consorcios y otras entidades de derecho público, se consideran Administraciones Públicas a efectos de la Ley 9/2017 de Contratos del Sector Público, si se dan las circunstancias establecidas para poder ser considerados poder adjudicador y estando vinculados a una o varias Administraciones Públicas o dependientes de las mismas, no se financien mayoritariamente:**

a) Con subvenciones.
b) Con ingresos de mercado.
c) Con tasas e impuestos.
d) Con donaciones.

**18. Los partidos políticos, así como las organizaciones sindicales y las organizaciones empresariales y asociaciones profesionales, además de las fundaciones y asociaciones vinculadas a cualquiera de ellos, cuando cumplan los requisitos para ser poder adjudicador y respecto de los contratos sujetos a regulación armonizada deberán actuar conforme a los principios de publicidad, concurrencia, transparencia, igualdad y no discriminación sin perjuicio del respeto a la autonomía de la voluntad y, cuando sea procedente, de:**

a) La confidencialidad.
b) El interés general.
c) La libertad de asociación.
d) La autorregulación.

**19. Los partidos políticos, así como las organizaciones sindicales y las organizaciones empresariales y asociaciones profesionales, además de las fundaciones y asociaciones vinculadas a cualquiera de ellos, cuando cumplan los requisitos para ser poder adjudicador deberán actuar conforme a los principios de publicidad, concurrencia, transparencia, igualdad y no discriminación sin perjuicio del respeto a la autonomía de la voluntad y de la confidencialidad cuando sea procedente, respecto de los contratos:**

a) Administrativos.
b) Privados.
c) De concesión de obras.
d) Sujetos a regulación armonizada.

**20. Un conjunto de trabajos de construcción o de ingeniería civil, destinado a cumplir por sí mismo una función económica o técnica, que tenga por objeto un bien inmueble, es denominado por la Ley 9/2017:**

a) Una infraestructura.
b) Patrimonio material.
c) Una obra.
d) Un servicio público.

**21. En un contrato de concesión de obras, cuando no esté garantizado que, en condiciones normales de funcionamiento, el concesionario vaya a recuperar las inversiones realizadas ni a cubrir los costes en que hubiera incurrido como consecuencia de la explotación de las obras que sean objeto de la concesión, se considerará que el mismo asume un riesgo:**

a) Operacional.
b) Virtual.
c) General.
d) Provisional.

**22. Los contratos que tienen por objeto la adquisición, el arrendamiento financiero, o el arrendamiento, con o sin opción de compra, de productos o bienes muebles, son:**

a) Contratos de servicios.
b) Contratos de suministro.
c) Contratos de obras.
d) Contratos de gestión de servicios públicos.

**23. No se consideran contratos de suministros:**

a) Aquellos en los que el empresario se obligue a entregar una pluralidad de bienes de forma sucesiva y por precio unitario sin que la cuantía total se defina con exactitud al tiempo de celebrar el contrato, por estar subordinadas las entregas a las necesidades del adquirente.
b) Los que tengan por objeto la adquisición y el arrendamiento de equipos y sistemas de telecomunicaciones o para el tratamiento de la información, sus dispositivos y programas, y la cesión del derecho de uso de estos últimos.
c) Los de adquisición de programas de ordenador desarrollados a medida.
d) Los de fabricación, por los que la cosa o cosas que hayan de ser entregadas por el empresario deban ser elaboradas con arreglo a características peculiares fijadas previamente por la entidad contratante, aun cuando esta se obligue a aportar, total o parcialmente, los materiales precisos.

**24. Los contratos que tengan por objeto la adquisición de energía primaria o energía transformada se consideran:**

a) Contratos de concesión de servicios.
b) Contratos de suministros.
c) Contratos privados.
d) Contratos de servicios.

**25. Deberá elaborarse un proyecto y tramitarse como la Ley 9/2017 dispone para los contratos de obras, el contrato mixto en que un elemento del contrato sea una obra y esta supere:**

a) Los 50.000 euros.
b) Los 100.000 euros.

c) Los 5.000 euros.
d) Los 10.000 euros.

**26. No podrán ser objeto de los contratos de servicios:**

a) Los que impliquen ejercicio de la autoridad inherente a los poderes públicos.
b) Los que impliquen el desarrollo o mantenimiento de aplicaciones informáticas.
c) Los que tengan por objeto el desarrollo y la puesta a disposición de productos protegidos por un derecho de propiedad intelectual o industrial.
d) Los que tengan por objeto la prestación de actividades docentes en centros del sector público desarrolladas en forma de cursos de formación o perfeccionamiento del personal al servicio de la Administración.

**27. Los contratos celebrados por entidades del sector público que siendo poder adjudicador no reúnan la condición de Administraciones Públicas, tienen la consideración de:**

a) Contratos administrativos.
b) Contratos privados.
c) Contratos administrativos especiales.
d) Contratos mixtos.

**28. Los contratos celebrados por entidades del sector público que no reúnan la condición de poder adjudicador, tienen la consideración de:**

a) Contratos administrativos.
b) Contratos privados.
c) Contratos administrativos especiales.
d) Contratos mixtos.

**29. Para la Directiva 2014/23/UE, de 26 de febrero de 2014, relativa a la adjudicación de contratos de concesión, el criterio delimitador del contrato de concesión de servicios respecto del contrato de servicios es:**

a) La cuantificación del coste.
b) Quién asume el riesgo operacional.
c) La exigencia o no de la clasificación del empresario.
d) La publicación en boletín oficial.

**30. Según el art. 13.3 de la Ley 9/2017, de 8 de noviembre, de Contratos del Sector Público, los contratos de obras se referirán:**

a) A una obra completa.
b) A una superficie acotada.
c) A un área concreta.
d) A un plan urbanístico determinado.

# Solución al test n.º 13

**1.** a) La Ley 9/2017, de 8 de noviembre.

**2.** a) Integridad.

**3.** d) Responsabilidad por daños y perjuicios causados a terceros.

**4.** a) Simplificación de la formalización de los contratos.

**5.** d) La reducción de las garantías exigibles.

**6.** c) Medioambientales.

**7.** c) El contratista obtenga algún tipo de beneficio económico, ya sea de forma directa o indirecta.

**8.** b) Los contratos que tengan por objeto servicios relacionados con campañas políticas, cuando sean adjudicados por una Administración Pública.

**9.** b) Forman parte del Sector Público.

**10.** c) Que persigan fines de interés general.

**11.** a) Todos los contratos de concesiones de obras y concesiones de servicios, que se celebren en el ámbito de la seguridad y de la defensa.

**12.** d) Los contratos onerosos, cualquiera que sea su naturaleza jurídica, que celebren las Mutuas de Accidentes de Trabajo y Enfermedades Profesionales de la Seguridad Social.

**13.** a) No discriminación.

**14.** d) Los contratos subvencionados por entidades que tengan la consideración de poderes adjudicadores que celebren otras personas físicas o jurídicas en los supuestos previstos en el artículo 23 relativo a los contratos subvencionados sujetos a una regulación armonizada.

**15.** a) Las autoridades administrativas independientes.

**16.** c) Las entidades con personalidad jurídica propia que hayan sido creadas específicamente para satisfacer necesidades de interés general que tengan carácter industrial o mercantil.

**17.** b) Con ingresos de mercado.

**18.** a) La confidencialidad.

**19.** d) Sujetos a regulación armonizada.

**20.** c) Una obra.

**21.** a) Operacional.

**22.** b) Contratos de suministro.

**23.** c) Los de adquisición de programas de ordenador desarrollados a medida.

**24.** b) Contratos de suministros.

**25.** a) Los 50.000 euros.

**26.** a) Los que impliquen ejercicio de la autoridad inherente a los poderes públicos.

**27.** b) Contratos privados.

**28.** b) Contratos privados.

**29.** b) Quién asume el riesgo operacional.

**30.** a) A una obra completa.

**Organización y funcionamiento del Ayuntamiento de Sevilla. El alcalde: funciones y competencias susceptibles de delegación. Los tenientes de alcalde. Áreas y delegaciones del ayuntamiento de Sevilla. La junta de gobierno local: competencias y posibilidad de delegación. La división territorial de Sevilla: los distritos y las juntas municipales de distrito. La administración instrumental del Ayuntamiento de Sevilla. Organismos autónomos. Entidades públicas empresariales y empresas públicas**

**1. La organización municipal responde a las siguientes reglas:**

a) El Alcalde, los Tenientes de Alcalde y el Pleno existen en todos los Ayuntamientos.
b) El Alcalde, la Junta de Gobierno y el Pleno existen en todos los Ayuntamientos.
c) El Alcalde y el Pleno existen en todos los Ayuntamientos.
d) El Alcalde y la Junta de Gobierno existen en todos los Ayuntamientos.

**2. La Comisión Especial de Cuentas:**

a) Existe en todos los municipios.
b) Existe en los municipios en que así se acuerde.
c) Existe en los municipios de más de 1000 habitantes.
d) Ninguna de las respuestas es correcta.

**3. La organización municipal complementaria que establezca una Comunidad Autónoma con carácter general, respecto a los Municipios de la misma:**

a) Se aplica preferentemente a la establecida con tal carácter por el Estado.
b) Se aplica preferentemente a la establecida por el Reglamento Orgánico de cada Municipio.
c) Se aplica después de la del Estado y la del Reglamento Orgánico.
d) Las respuestas a) y b) son ciertas.

**4. De acuerdo con la Ley Orgánica de Régimen Electoral será proclamado alcalde electo:**

a) El Concejal que haya obtenido la mayoría simple de los votos de los concejales.
b) El Concejal que encabece la lista que haya obtenido mayor número de votos populares.
c) El Concejal que haya obtenido la mayoría absoluta de los votos de los concejales.
d) El Concejal que haya ganado el sorteo.

**5. Los alcaldes tendrán tratamiento de:**

a) Ilustrísima en los municipios de Madrid y Barcelona.
b) Excelencia en los municipios que sean capitales de provincia.
c) Señoría en los municipios que no sean capitales de provincia ni las ciudades de Madrid y Barcelona.
d) Ilustrísima en todos los municipios.

**6. La cuestión de confianza a la que podrá ser sometido el Alcalde se puede vincular a:**

a) La aprobación o modificación de los Presupuestos anuales.
b) La aprobación o modificación del Reglamento Orgánico.
c) La aprobación o modificación de las Ordenanzas Fiscales.
d) Todas las respuestas son verdaderas.

**7. La elección de un Alcalde, tras unas elecciones locales, se efectúa:**

a) Directamente en las elecciones locales.
b) En sesión extraordinaria al efecto.
c) En la sesión constitutiva de la Corporación.
d) Por los vecinos exclusivamente.

**8. La destitución del Presidente de una Corporación Local se efectúa a través de la:**

a) Renuncia.
b) Cuestión de confianza.
c) Moción de censura.
d) Las respuestas b) y c) son ciertas.

**9. ¿Se puede presentar más de una moción de censura contra el mismo Presidente de una Entidad Local?**

a) Sí, cuando prospere una de ellas.
b) Solo en distintos períodos de sesiones.
c) Depende del Reglamento Orgánico de la Entidad.
d) Nada de lo expuesto es cierto.

**10. En una moción de censura contra un Presidente de una Entidad Local, puede ser candidato:**

a) Los cabezas de lista.
b) Los portavoces de los Grupos Políticos.
c) Cualquier Concejal cuya aceptación expresa conste en el escrito de proposición de la moción.
d) Ninguno de los anteriores.

**11. En el caso de que la cuestión de confianza planteada por un Alcalde no obtuviera el número necesario de votos favorables para la aprobación del acuerdo:**

a) Quedan cesados todos sus miembros.
b) El Alcalde cesará automáticamente, quedando en funciones hasta la toma de posesión de quien hubiere de sucederle en el cargo.
c) Se nombra como tal al primer Teniente de Alcalde.
d) Se hace una nueva sesión constitutiva, tras la celebración de elecciones.

**12. El ejercicio normal de acciones judiciales compete en un Municipio de gran población al/a la/a los:**

a) Presidente.
b) Pleno.
c) Junta de Gobierno Local.
d) Anteriores, en las materias de sus respectivas competencias.

**13. El régimen retributivo de los órganos directivos municipales en un Municipio de gran población se establece por el/la:**

a) Concejal-Delegado de Personal.
b) Alcalde.
c) Pleno.
d) Junta de Gobierno Local.

**14. Cuando un Teniente de Alcalde sustituye al Alcalde en una sesión, en la deliberación y votación de un asunto en el que el sustituido debe abstenerse:**

a) Tiene un doble voto.
b) Preside circunstancialmente la misma.
c) No puede votar.
d) No puede hacerlo.

**15. En los municipios de gran población corresponde a la Junta de Gobierno:**

a) La aprobación y modificación de las ordenanzas y reglamentos municipales.
b) La aprobación del proyecto de presupuesto.

c) Los acuerdos relativos a la participación en organizaciones supramunicipales.

d) Dictar bandos, decretos e instrucciones.

**16. La aprobación del proyecto de presupuesto en un Municipio de gran población es competencia del/de la:**

a) Presidente.

b) Junta de Gobierno Local.

c) Pleno.

d) Comunidad Autónoma.

**17. La Relación de Puestos de un Ayuntamiento de un Municipio de gran población la aprueba el/la:**

a) Junta de Personal.

b) Pleno.

c) Alcalde.

d) Junta de Gobierno Local.

**18. Señala cuál de las siguientes no es un Área del Ayuntamiento de Sevilla:**

a) Área de Hacienda, Turismo, Participación Ciudadana y Transformación Digital.

b) Área de Limpieza, Arbolado y Parques y Jardines.

c) Área de Festejos.

d) Área de Seguridad Ciudadana, Movilidad y Recursos Humanos.

**19. ¿A qué Área del Ayuntamiento de Sevilla se encuentra adscrita EMASESA?**

a) Al Área de Urbanismo, Patrimonio, Vivienda, Identidad Urbana y Edificios Municipales.

b) Al Área de Limpieza, Arbolado y Parques y Jardines.

c) Al Área de Hacienda, Turismo, Participación Ciudadana y Transformación Digital.

d) Al Área de Barrios de Atención Preferente y Derechos Sociales.

**20. Señala cuál de los siguientes no es un Distrito Municipal del Ayuntamiento de Sevilla:**

a) Norte

b) Cerro - Amate

c) Los Remedios

d) Oeste.

# Solución al test n.º 14

**1.** a) El Alcalde, los Tenientes de Alcalde y el Pleno existen en todos los Ayuntamientos.

**2.** a) Existe en todos los municipios.

**3.** b) Se aplica preferentemente a la establecida por el Reglamento Orgánico de cada Municipio.

**4.** c) El Concejal que haya obtenido la mayoría absoluta de los votos de los concejales.

**5.** c) Señoría en los municipios que no sean capitales de provincia ni las ciudades de Madrid y Barcelona.

**6.** d) Todas las respuestas son verdaderas.

**7.** c) En la sesión constitutiva de la Corporación.

**8.** d) Las respuestas b) y c) son ciertas.

**9.** d) Nada de lo expuesto es cierto.

**10.** c) Cualquier Concejal cuya aceptación expresa conste en el escrito de proposición de la moción.

**11.** b) El Alcalde cesará automáticamente, quedando en funciones hasta la toma de posesión de quien hubiere de sucederle en el cargo.

**12.** d) Anteriores, en las materias de sus respectivas competencias.

**13.** c) Pleno.

**14.** b) Preside circunstancialmente la misma.

**15.** b) La aprobación del proyecto de presupuesto.

**16.** b) Junta de Gobierno Local.

**17.** d) Junta de Gobierno Local.

**18.** c) Área de Festejos.

**19.** a) Al Área de Urbanismo, Patrimonio, Vivienda, Identidad Urbana y Edificios Municipales.

**20.** d) Oeste.

**El personal al servicio de las entidades locales (I). Normativa aplicable a los funcionarios locales: artículo 3 del texto refundido del EBEP, artículo 92 de la Ley de Bases del Régimen Local, artículo 3.1.d) de la Ley de la Función Pública de Andalucía. Normativa aplicable al personal laboral (artículo 7 del texto refundido del EBEP). Concepto y clases de empleados públicos: artículo 8 a 12, ambos inclusive, del texto refundido del EBEP. Derechos y deberes de los empleados públicos: artículos 14, 15, 52, 53 y 54 del texto refundido del EBEP. Selección de los empleados públicos locales: artículos 55, 56, 60 y 61 del texto refundido del EBEP; artículos 91, 97 y 100 de la Ley de Bases del Régimen Local; artículos 133, 134, 169, 171 y 172 del Real Decreto Legislativo 781/1986; y Real Decreto 896/1991**

**1. El personal funcionario de las entidades locales se rige por la legislación estatal que resulte de aplicación, y por la legislación de las comunidades autónomas, con respeto:**

a) A la legislación laboral.
b) A la libertad sindical.
c) A la autonomía local.
d) A las directrices del Gobierno.

**2. Siguiendo el artículo 92 de la Ley 7/1985, de 2 de abril, Reguladora de las Bases del Régimen Local, es cierto que:**

a) Con carácter general, los puestos de trabajo en la Administración local y sus Organismos Autónomos serán desempeñados por personal laboral.
b) Los funcionarios al servicio de la Administración local se rigen, en lo no dispuesto en esta Ley, únicamente por el Estatuto Básico del Empleado Público.
c) Se entiende por funciones públicas aquellas que impliquen ejercicio de la autoridad.
d) Corresponde exclusivamente a los funcionarios de carrera al servicio de la Administración local el ejercicio de las funciones que impliquen la participación directa o indirecta en el ejercicio de las potestades públicas o en la salvaguardia de los intereses generales.

**3. Con respeto en todo caso a la autonomía local y a la legislación básica estatal de aplicación directa al régimen específico de la función pública local, la Ley 5/2023, de 7 de junio, de la Función Pública de Andalucía, se aplica a:**

a) Quienes tengan la consideración de personal alto cargo o rango asimilado al mismo, salvo lo que en esta ley se determina para la dirección pública profesional.

b) Las personas físicas que, al amparo de la legislación sobre contratos del sector público, celebren contratos con el sector público.

c) El personal al servicio de las Administraciones locales del territorio de Andalucía y de las entidades públicas dependientes de las mismas.

d) El personal al servicio de las Administraciones locales del territorio de Andalucía, de las entidades públicas dependientes de las mismas y al personal al servicio de las personas y entidades contratistas.

**4. Según el artículo 8 del Texto Refundido de la Ley del Estatuto Básico del Empleado Público, aprobado por el Real Decreto Legislativo 5/2015, de 30 de octubre, son empleados públicos quienes desempeñan funciones .............. en las Administraciones Públicas al servicio de los intereses generales. Señalar la palabra que falta en la anterior frase:**

a) Directivas.
b) Exclusivas.
c) Administrativas.
d) Retribuidas.

**5. Basándonos en el artículo 8 del Texto Refundido de la Ley del Estatuto Básico del Empleado Público, no es una clase de empleado público:**

a) Funcionario de carrera.
b) Personal laboral.
c) Funcionario interino.
d) Funcionario eventual.

**6. Corresponden en exclusiva a los funcionarios públicos, en los términos que en la ley de desarrollo de cada Administración Pública se establezca, el ejercicio de las funciones que impliquen la participación directa o indirecta:**

a) En el archivo y documentación de información administrativa.
b) En tareas administrativas.
c) En el ejercicio de las potestades públicas.
d) En las tareas directivas.

**7. Los funcionarios de carrera son aquellos quienes, en virtud de nombramiento legal, están vinculados a una Administración Pública por una relación estatutaria regulada por:**

a) El Derecho Laboral.
b) El Derecho Administrativo.

c) El Derecho Civil.
d) El Derecho Constitucional.

**8. Según el EBEP hay dos tipos de funcionarios:**

a) Civiles y militares.
b) De carrera e interinos.
c) Fijos y eventuales.
d) Indefinidos o temporales.

**9. Según el artículo 9.1 del EBEP, es una característica del funcionario de carrera el desempeño de servicios profesionales retribuidos de carácter:**

a) Permanente.
b) Público.
c) Administrativo.
d) Autoritario.

**10. ¿Es aplicable a los funcionarios interinos el régimen general de los funcionarios de carrera?**

a) Sí, en todo caso; independientemente de que el nombramiento tenga o no carácter extraordinario y urgente.
b) No, en ningún caso. Tienen su propio régimen general.
c) Sí, en cuanto sea adecuado a la naturaleza de su condición y al carácter extraordinario y urgente de su nombramiento, salvo aquellos derechos inherentes a la condición de funcionario de carrera.
d) No, se rigen por un convenio colectivo de carácter estatal.

**11. Podrá nombrarse personal funcionario interino para la ejecución de programas de carácter temporal, que no podrán tener una duración:**

a) Inferior a 3 años.
b) Superior a 2 años, ampliable hasta doce meses más por las leyes de Función Pública que se dicten en desarrollo del TR-LEBEP.
c) Superior a 3 años, ampliable hasta doce meses más por las leyes de Función Pública que se dicten en desarrollo del TR-LEBEP.
d) Superior a 6 meses, dentro de un periodo de doce meses.

**12. Podrá nombrarse personal funcionario interino por exceso o acumulación de tareas:**

a) Por plazo máximo de nueve meses, dentro de un periodo de dieciocho meses.
b) Por un plazo mínimo de 3 meses y máximo de 1 año.

c) Por un plazo máximo de 3 años, ampliable hasta doce meses más por las leyes de Función Pública que se dicten en desarrollo del TR-LEBEP.

d) Por plazo máximo de doce meses, dentro de un periodo de dieciocho meses.

**13. Los funcionarios interinos serán nombrados por razones expresamente justificadas de necesidad y:**

a) Economía.
b) Eficacia.
c) Urgencia.
d) Calidad.

**14. Son funcionarios interinos los que son nombrados como tales para el desempeño de funciones propias de funcionarios de carrera por razones expresamente justificadas de necesidad y/e:**

a) Urgencia.
b) Interés.
c) Conveniencia.
d) Oportunidad.

**15. Según el artículo 11 del Estatuto Básico del Empleado Público, el personal laboral, en función de la duración del contrato, podrá ser (señala la opción incorrecta):**

a) Temporal.
b) Por tiempo indefinido.
c) Fijo.
d) Eventual.

**16. El número de puestos cubiertos por personal eventual:**

a) Es indefinido e ilimitado.
b) Está limitado por un máximo establecido por los respectivos órganos de gobierno.
c) Está limitado a tres por cada órgano superior de la Administración Pública.
d) No puede hacerse público, puesto que se trata de personal de confianza.

**17. Las condiciones retributivas del personal eventual serán:**

a) Las mismas del personal funcionario de carrera.
b) Secretas.
c) Públicas.
d) Las mismas del personal funcionario interino.

**18. Es personal eventual el que, en virtud de nombramiento y con carácter no permanente, solo realiza funciones expresamente calificadas como de confianza o:**

a) Reservadas.
b) Seguridad.
c) De asesoramiento especial.
d) De asesoramiento general.

**19. En todo caso, el personal eventual cesará:**

a) Cuando transcurran 4 años ininterrumpidos desde su nombramiento.
b) Cuando concluya la tarea por la que fue designado.
c) Cuando se produzca el cese de la autoridad a la que se preste la función de confianza o asesoramiento.
d) Cuando exista personal funcionario de carrera que pueda ejercer sus funciones.

**20. En relación con el personal eventual, es cierto que:**

a) Será retribuido con cargo a los créditos presupuestarios consignados para el personal funcionario.
b) La condición de personal eventual constituirá mérito en la fase de concurso para el acceso a la Función Pública.
c) Su cese tendrá lugar, en todo caso, cuando se produzca el de la autoridad a la que se preste la función de confianza o asesoramiento.
d) La condición de personal eventual computará como mérito para la promoción interna.

**21. La condición de personal eventual:**

a) Constituye mérito para el acceso a la Función Pública y para la promoción interna.
b) Constituye mérito para el acceso a la Función Pública pero no para la promoción interna.
c) No constituye mérito para el acceso a la Función Pública pero sí para la promoción interna.
d) No podrá constituir mérito para el acceso a la Función Pública o para la promoción interna.

**22. A tenor del artículo 14 del EBEP los empleados públicos tienen derecho:**

a) A la inamovilidad en la condición de funcionario de carrera.
b) A la formación continua y a la actualización permanente de sus conocimientos y capacidades profesionales, preferentemente fuera del horario laboral.
c) A la libertad de expresión, sin restricción alguna.
d) A participar en la consecución de los objetivos atribuidos a la unidad donde preste sus servicios y a ser consultado por sus superiores por las tareas a desarrollar.

**23. Los empleados públicos tienen derecho a la libertad de expresión:**

a) En los términos que establezca una ley.
b) En los términos que se establezcan reglamentariamente.
c) A través de sus representantes sindicales.
d) Dentro de los límites del ordenamiento jurídico.

**24. Los Empleados Públicos:**

a) Podrán voluntariamente acatar la Constitución y el resto de normas que integran el ordenamiento jurídico.
b) Podrán abstenerse en aquellos asuntos en los que tengan un interés personal.
c) Su actuación perseguirá la satisfacción de los intereses del Gobierno.
d) Guardarán secreto de las materias clasificadas.

**25. Según el artículo 53 del EBEP, es un principio del código ético de los empleados públicos:**

a) El desempeño de las tareas correspondientes a su puesto de trabajo se realizará de forma diligente y cumpliendo la jornada y el horario establecidos.
b) Honradez.
c) Respeto a la igualdad entre mujeres y hombres.
d) Ajustar su actuación a los principios de lealtad y buena fe con la Administración en la que presten sus servicios, y con sus superiores, compañeros, subordinados y con los ciudadanos.

**26. Según el artículo 52 del EBEP, los empleados públicos deberán actuar con arreglo a una serie de principios, entre los que figura:**

a) Productividad.
b) Eficiencia.
c) Ejemplaridad.
d) Compatibilidad.

**27. Según el artículo 53.8 del EBEP, los empleados públicos vigilarán la consecución del interés general y el cumplimiento de los objetivos de la organización, y actuarán de acuerdo con los principios de eficacia, eficiencia y:**

a) Economía.
b) Efectividad.
c) Efusividad.
d) Excelencia.

**28. ¿Cuál de los siguientes es un principio de conducta de los empleados públicos?**

a) Cumplir con diligencia las tareas que les correspondan o se les encomienden y, en su caso, resolver dentro de plazo los procedimientos o expedientes de su competencia.
b) No aceptar ningún trato de favor o situación que implique privilegio o ventaja injustificada, por parte de personas físicas o entidades privadas.

c) Realizar el desempeño de las tareas correspondientes a su puesto de trabajo de forma diligente y cumpliendo la jornada y el horario establecidos.

d) Basar su conducta en el respeto de los derechos fundamentales y libertades públicas, evitando toda actuación que pueda producir discriminación alguna por razón de nacimiento, origen racial o étnico, género, sexo, orientación sexual, religión o convicciones, opinión, discapacidad, edad o cualquier otra condición o circunstancia personal o social.

**29. Según el artículo 55.2 del EBEP, en la actuación de los órganos de selección se garantizará el cumplimiento del principio de independencia y:**

a) Discreción técnica.
b) Imparcialidad.
c) Transparencia.
d) Agilidad.

**30. Señala la opción incorrecta. El acceso al empleo público se efectuará de acuerdo con los principios constitucionales de:**

a) Capacidad.
b) Mérito.
c) Igualdad.
d) Participación.

**31. ¿Cuál es la edad mínima para poder participar en los procesos selectivos de acceso al empleo público?**

a) 14 años.
b) 16 años.
c) 17 años.
d) 18 años.

**32. Según el artículo 56 del EBEP, ¿puede establecerse otra edad máxima, distinta de la edad de jubilación forzosa, para el acceso al empleo público?**

a) No, en ningún caso.
b) Sí, si así lo establece una ley.
c) Sólo para el acceso a empleos que requieran ciertas aptitudes físicas.
d) Sólo para el personal laboral.

**33. Además de los requisitos generales recogidos en el artículo 56.1 del EBEP para el acceso al empleo público, podrá exigirse el cumplimiento de otros requisitos específicos que guarden relación objetiva y proporcionada con las funciones asumidas y las tareas a desempeñar. En todo caso, habrán de establecerse de manera abstracta y:**

a) Ocasional.
b) No excluyente.

c) General.

d) Motivada.

**34. ¿Cuál de los siguientes no es un sistema de selección de personal laboral fijo en la Administración Pública?**

a) Transferencia o cesión.

b) Oposición.

c) Concurso-oposición.

d) Concurso de valoración de méritos.

**35. Podrá/n formar parte de los órganos de selección:**

a) El personal eventual.

b) Los funcionarios interinos.

c) El personal de designación política.

d) El personal laboral.

**36. ¿Puede utilizarse el sistema de concurso de valoración de méritos para la selección de personal funcionario de carrera?**

a) No, solo se permiten los sistemas de oposición y concurso-oposición.

b) Excepcionalmente, en virtud de ley.

c) Sí, es uno de los sistemas permitidos.

d) Únicamente para la consolidación de empleo.

**37. Señala la opción incorrecta en relación con los órganos de selección:**

a) La pertenencia a los órganos de selección será a título representativo, ya sea de la administración o de las organizaciones sindicales.

b) Los órganos de selección serán colegiados.

c) El personal de elección o de designación política, los funcionarios interinos y el personal eventual no podrán formar parte de los órganos de selección.

d) En la composición de los órganos de selección se tenderá a la paridad entre mujer y hombre.

**38. ¿Pueden los órganos de selección proponer el acceso a la condición de funcionario de un número superior de aprobados al de plazas convocadas?**

a) No, en ningún caso.

b) Sí, siempre que no sobrepasen el 10 % de las plazas convocadas, con objeto de cubrir posibles renuncias de los aspirantes seleccionados.

c) Sí, si así lo prevé la propia convocatoria.

d) Sí, a efectos de creación de listas de reserva.

**39. Según el artículo 91.2 de la Ley 7/1985, de 2 de abril, Reguladora de las Bases del Régimen Local, la selección de todo el personal, sea funcionario o laboral, debe realizarse de acuerdo con la oferta de empleo público, mediante convocatoria pública y a través del sistema de concurso, oposición o concurso-oposición libre en los que se garanticen, en todo caso, los principios constitucionales de igualdad, mérito y capacidad, así como el de:**

a) Publicidad.
b) Transparencia.
c) Antigüedad.
d) Objetividad.

**40. Según el artículo 100 de la Ley 7/1985, de 2 de abril, Reguladora de las Bases del Régimen Local, es competencia de cada Corporación local:**

a) La selección de todo el personal funcionario.
b) La selección de los funcionarios con la excepción de los funcionarios con habilitación de carácter nacional.
c) El establecimiento reglamentario de las reglas básicas y los programas mínimos a que debe ajustarse el procedimiento de selección y formación de los funcionarios.
d) El establecimiento reglamentario de los títulos académicos requeridos para tomar parte en las pruebas selectivas, así como los Diplomas expedidos por el Instituto de Estudios de Administración Local o por los Institutos o Escuelas de funcionarios establecidos por las Comunidades Autónomas, complementarios de los títulos académicos, que puedan exigirse para participar en las mismas.

**41. Según el artículo 41 del RDL 781/1986, de 18 de abril, por el que se aprueba el texto refundido de las disposiciones legales vigentes en materia de Régimen Local, las convocatorias serán siempre libres. No obstante, podrán reservarse para promoción interna hasta un máximo del siguiente porcentaje de las plazas convocadas para funcionarios que reúnan la titulación y demás requisitos exigidos en la convocatoria:**

a) 10%.
b) 25%.
c) 50%.
d) 60%.

**42. ¿A qué Subescala pertenecen los funcionarios que realicen tareas de mecanografía y taquigrafía?**

a) A la Subescala Técnica de Administración General.
b) A la Subescala de Gestión de Administración General.
c) A la Subescala Administrativa de Administración General.
d) A la Subescala Auxiliar de Administración General.

**43. Pertenece a la Subescala de Servicios Especiales un:**

a) Ingeniero Industrial al servicio de una Corporación Local.
b) Técnico de Administración General.
c) Suboficial del Servicio de Extinción de Incendios.
d) Contratado laboralmente.

**44. Según el artículo 2 del Real Decreto 896/1991, de 7 de junio, por el que se establecen las reglas básicas y los programas mínimos a que debe ajustarse el procedimiento de selección de los funcionarios de Administración Local, el ingreso en la Función Pública Local se realizará, con carácter general, a través del sistema de:**

a) Oposición.
b) Concurso.
c) Concurso-oposición.
d) Libre designación.

**45. Según determina el artículo 4.f del RD 896/1991, el número de miembros de los Tribunales de selección:**

a) Será 5.
b) Será inferior a 5.
c) Será superior a 5.
d) Será de 5 ó más.

# Solución al test n.º 15

**1.** c) A la autonomía local.

**2.** c) Se entiende por funciones públicas aquellas que impliquen ejercicio de la autoridad.

**3.** c) El personal al servicio de las Administraciones locales del territorio de Andalucía y de las entidades públicas dependientes de las mismas.

**4.** d) Retribuidas.

**5.** d) Funcionario eventual.

**6.** c) En el ejercicio de las potestades públicas.

**7.** b) El Derecho Administrativo.

**8.** b) De carrera e interinos.

**9.** a) Permanente.

**10.** c) Sí, en cuanto sea adecuado a la naturaleza de su condición y al carácter extraordinario y urgente de su nombramiento, salvo aquellos derechos inherentes a la condición de funcionario de carrera.

**11.** c) Superior a 3 años, ampliable hasta doce meses más por las leyes de Función Pública que se dicten en desarrollo del TR-LEBEP.

**12.** a) Por plazo máximo de nueve meses, dentro de un periodo de dieciocho meses.

**13.** c) Urgencia.

**14.** a) Urgencia.

**15.** d) Eventual.

**16.** b) Está limitado por un máximo establecido por los respectivos órganos de gobierno.

**17.** c) Públicas.

**18.** c) De asesoramiento especial.

**19.** c) Cuando se produzca el cese de la autoridad a la que se preste la función de confianza o asesoramiento.

**20.** c) Su cese tendrá lugar, en todo caso, cuando se produzca el de la autoridad a la que se preste la función de confianza o asesoramiento.

**21.** d) No podrá constituir mérito para el acceso a la Función Pública o para la promoción interna.

**22.** a) A la inamovilidad en la condición de funcionario de carrera.

**23.** d) Dentro de los límites del ordenamiento jurídico.

**24.** d) Guardarán secreto de las materias clasificadas.

**25.** d) Ajustar su actuación a los principios de lealtad y buena fe con la Administración en la que presten sus servicios, y con sus superiores, compañeros, subordinados y con los ciudadanos.

**26.** c) Ejemplaridad.

**27.** a) Economía.

**28.** c) Realizar el desempeño de las tareas correspondientes a su puesto de trabajo de forma diligente y cumpliendo la jornada y el horario establecidos.

**29.** a) Discreción técnica.

**30.** d) Participación.

**31.** b) 16 años.

**32.** b) Sí, si así lo establece una ley.

**33.** c) General.

**34.** a) Transferencia o cesión.

**35.** d) El personal laboral.

**36.** b) Excepcionalmente, en virtud de ley.

**37.** a) La pertenencia a los órganos de selección será a título representativo, ya sea de la administración o de las organizaciones sindicales.

**38.** c) Sí, si así lo prevé la propia convocatoria.

**39.** a) Publicidad.

**40.** b) La selección de los funcionarios con la excepción de los funcionarios con habilitación de carácter nacional.

**41.** c) 50%.

**42.** d) A la Subescala Auxiliar de Administración General.

**43.** c) Suboficial del Servicio de Extinción de Incendios.

**44.** a) Oposición.

**45.** d) Será de 5 ó más.

**El personal al servicio de las entidades locales (II). Derechos retributivos: Capítulo III del Título III del texto refundido del EBEP. Derecho a la negociación colectiva: materias objeto de negociación: artículo 37 del texto refundido del EBEP. Provisión de puestos de trabajo y movilidad: Capítulo III del Título V del texto refundido del EBEP. Situaciones administrativas de los funcionarios públicos y su posible aplicación al personal laboral: Título VI del texto refundido del EBEP. Régimen disciplinario: Título VII del texto refundido del EBEP**

**1. En relación al sistema retributivo de los empleados públicos, es cierto, según el EBEP, que:**

a) Podrán acordarse incrementos retributivos que globalmente supongan un incremento de la masa salarial superior a los límites fijados anualmente en la Ley de Presupuestos Generales del Estado para el personal.

b) Podrá percibirse participación en tributos o en cualquier otro ingreso de las Administraciones Públicas como contraprestación de cualquier servicio, participación o premio en multas impuestas, excepto cuando estuviesen normativamente atribuidas a los servicios.

c) Las cuantías de las retribuciones básicas y el incremento de las cuantías globales de las retribuciones complementarias de los funcionarios, así como el incremento de la masa salarial del personal laboral, deberán reflejarse para cada ejercicio presupuestario en la correspondiente ley de presupuestos.

d) Las Administraciones Públicas podrán destinar cantidades por encima del porcentaje de la masa salarial que se fije en las correspondientes Leyes de Presupuestos Generales del Estado a financiar aportaciones a planes de pensiones de empleo o contratos de seguro colectivos que incluyan la cobertura de la contingencia de jubilación, para el personal incluido en sus ámbitos, de acuerdo con lo establecido en la normativa reguladora de los Planes de Pensiones.

**2. Las Administraciones Públicas podrán destinar cantidades hasta el porcentaje de la masa salarial que se fije en las correspondientes Leyes de Presupuestos Generales del Estado a financiar aportaciones a planes de pensiones de empleo o contratos de seguro colectivos; estas cantidades tendrán a todos los efectos la consideración de:**

a) Retribución básica.
b) Retribución complementaria.
c) Indemnización.
d) Retribución diferida.

**3. Las retribuciones de los funcionarios en prácticas:**

a) Se corresponderán a las del sueldo del Subgrupo o Grupo, en el supuesto de que este no tenga Subgrupo, en que aspiren a ingresar.
b) No podrán superar las del sueldo del Subgrupo o Grupo, en el supuesto de que este no tenga Subgrupo, en que aspiren a ingresar.
c) Se determinarán de acuerdo con la legislación laboral, el convenio colectivo que sea aplicable y el contrato de trabajo.
d) Como mínimo, se corresponderán a las del sueldo del Subgrupo o Grupo, en el supuesto de que este no tenga Subgrupo, en que aspiren a ingresar.

**4. La cuantía y estructura de las retribuciones complementarias de los funcionarios se establecerán por:**

a) Ley estatal.
b) Las correspondientes leyes de cada Administración Pública.
c) Real Decreto del Consejo de Ministros.
d) Decreto del correspondiente Consejo de Gobierno de la Administración Autonómica.

**5. No se incluye en la paga extraordinaria de los funcionarios el importe correspondiente a una mensualidad:**

a) De los trienios.
b) Del complemento por la incompatibilidad exigible para el desempeño de determinados puestos de trabajo.
c) Del complemento por el esfuerzo con que el funcionario desempeña su trabajo.
d) Del complemento por la progresión alcanzada por el funcionario dentro del sistema de carrera administrativa.

**6. Cuando el nombramiento de funcionarios en prácticas recaiga en funcionarios de carrera de otro Cuerpo o Escala de grupos y/o subgrupos de titulación inferior a aquel en que se aspira a ingresar, durante el tiempo correspondiente al período de prácticas o el curso selectivo:**

a) No podrán percibir trienios hasta adquirir la condición de funcionario de carrera en el nuevo Cuerpo o Escala ni se les computará el tiempo correspondiente al período de prácticas o el curso selectivo a efectos de trienios o derechos pasivos.

b) Podrán continuar percibiendo los trienios computados anteriormente pero no se les computará el tiempo correspondiente al período de prácticas o el curso selectivo a efectos de trienios o derechos pasivos.

c) No podrán percibir trienios hasta adquirir la condición de funcionario de carrera en el nuevo Cuerpo o Escala, pero se les computará el tiempo correspondiente al período de prácticas o el curso selectivo a efectos de consolidación de trienios y de derechos pasivos, como servido en el nuevo Cuerpo o Escala en el caso de que, de manera efectiva, se adquiera la condición de funcionario de carrera en estos últimos.

d) Continuarán percibiendo los trienios en cada momento perfeccionados computándose dicho tiempo, a efectos de consolidación de trienios y de derechos pasivos, como servido en el nuevo Cuerpo o Escala en el caso de que, de manera efectiva, se adquiera la condición de funcionario de carrera en estos últimos.

**7. ¿Podrá percibirse participación en tributos o en cualquier otro ingreso de las Administraciones Públicas como contraprestación de cualquier servicio, participación o premio en multas impuestas?**

a) No, en ningún caso.
b) Sí, en cualquier caso.
c) No, excepto cuando estuviesen normativamente atribuidas a los servicios.
d) Sí, excepto cuando estuviesen normativamente atribuidas a los servicios.

**8. Quedan excluidas de la obligatoriedad de la negociación colectiva:**

a) Las normas que fijen los criterios y mecanismos generales en materia de evaluación del desempeño.
b) Los criterios generales para la determinación de prestaciones sociales y pensiones de clases pasivas.
c) Los criterios generales sobre ofertas de empleo público.
d) La determinación de condiciones de trabajo del personal directivo.

**9. Serán objeto de negociación, en su ámbito respectivo y en relación con las competencias de cada Administración Pública y con el alcance que legalmente proceda en cada caso:**

a) Las normas que fijen los criterios generales en materia de acceso, carrera, provisión, sistemas de clasificación de puestos de trabajo, y planes e instrumentos de planificación de recursos humanos.
b) Las decisiones de las Administraciones Públicas que afecten a sus potestades de organización.
c) La regulación del ejercicio de los derechos de los ciudadanos y de los usuarios de los servicios públicos, así como el procedimiento de formación de los actos y disposiciones administrativas.
d) La regulación y determinación concreta, en cada caso, de los sistemas, criterios, órganos y procedimientos de acceso al empleo público y la promoción profesional.

**10. Según el artículo 79.1 del EBEP, el procedimiento normal de provisión de los puestos de trabajo del personal funcionario de carrera es:**

a) El concurso-oposición.
b) La libre designación.
c) La oposición.
d) El concurso.

**11. Cuando por motivos excepcionales los planes de ordenación de recursos impliquen cambio de lugar de residencia se dará prioridad a:**

a) La reagrupación familiar.
b) La voluntariedad de los traslados.
c) La antigüedad.
d) Las cargas familiares.

**12. Las funcionarias víctimas de violencia de género que se vean obligadas a abandonar el puesto de trabajo en la localidad donde venían prestando sus servicios, para hacer efectiva su protección o el derecho a la asistencia social integral, tendrán derecho al traslado a otro puesto de trabajo propio de su cuerpo, escala o categoría profesional, de análogas características, sin necesidad de que sea vacante de necesaria cobertura. Este traslado tendrá la consideración de:**

a) Traslado voluntario.
b) Traslado forzoso.
c) Traslado definitivo.
d) Permuta.

**13. Los funcionarios de carrera que obtengan destino en otra Administración Pública a través de los procedimientos de movilidad quedarán, respecto de su Administración de origen, en la situación administrativa de:**

a) Servicio en otras Administraciones Públicas.
b) Servicios especiales.
c) Excedencia forzosa.
d) Servicio activo.

**14. En virtud del artículo 81.2 del EBEP, la Administración General del Estado podrá trasladar a sus funcionarios, por necesidades de servicio o funcionales, a unidades, departamentos u organismos públicos o entidades distintos a los de su destino, respetando sus retribuciones, condiciones esenciales de trabajo, modificando, en su caso, la adscripción de los puestos de trabajo de los que sean titulares:**

a) Por ley.
b) Por Real Decreto.

c) Por Orden ministerial.
d) Motivadamente.

**15. En las distintas Administraciones Públicas, en el caso de supresión o remoción de los puestos obtenidos por concurso se deberá:**

a) Declarar a los afectados en la situación de excedencia forzosa, estando éstos obligados a participar en la siguiente convocatoria de concurso.
b) Asignar un puesto de trabajo conforme al sistema de carrera profesional propio de cada Administración Pública y con las garantías inherentes de dicho sistema.
c) El EBEP prohíbe la supresión o remoción de los puestos obtenidos por concurso.
d) Asignar un puesto de trabajo conforme al sistema de carrera profesional de la Administración General del Estado y con las garantías establecidas en el EBEP.

**16. En las convocatorias de concursos podrá establecerse para quienes tengan la condición de víctima del terrorismo o de amenazados, una puntuación:**

a) Que como máximo, podrá alcanzar la que se determine en las mismas para la antigüedad.
b) Igual a la que se determine en las mismas para la antigüedad.
c) Que duplique para este personal la que les correspondería solo por la antigüedad.
d) Que como mínimo, deberá alcanzar la que se determine en las mismas para la antigüedad.

**17. Los criterios para determinar los puestos que por su especial responsabilidad y confianza puedan cubrirse por el procedimiento de libre designación con convocatoria pública:**

a) Han sido establecidos por el EBEP.
b) Se establecerán por las leyes de Función Pública que se dicten en desarrollo del EBEP.
c) Se establecerán anualmente en las correspondientes leyes de Presupuestos Generales.
d) Se establecerán reglamentariamente.

**18. Conforme al artículo 81.3 del EBEP, los puestos de trabajo pueden proveerse con carácter provisional:**

a) Cuando por motivos excepcionales los planes de ordenación de recursos impliquen cambio de lugar de residencia
b) En caso de urgente e inaplazable necesidad.
c) Cuando varios funcionarios opten a un mismo puesto.
d) Siempre que se trate de un traslado forzoso.

**19. En los supuestos de remoción o supresión del puesto de trabajo obtenido por concurso en otra Administración Pública, los funcionarios de carrera:**

a) Permanecerán en la Administración de destino, que deberá asignarles un puesto de trabajo conforme a los sistemas de carrera y provisión de puestos vigentes en dicha Administración.

b) Volverán a la Administración de origen, que deberá asignarles un puesto de trabajo conforme a los sistemas de carrera y provisión de puestos vigentes en la Administración de destino.

c) Volverán a la Administración de origen, que deberá asignarles un puesto de trabajo conforme a los sistemas de carrera y provisión de puestos vigentes en dicha Administración.

d) Permanecerán en la Administración de destino, que deberá asignarles un puesto de trabajo conforme a los sistemas de carrera y provisión de puestos vigentes en la Administración de origen.

**20. Cuando adquieran la condición de funcionarios al servicio de organizaciones internacionales, los funcionarios de carrera serán declarados en situación de:**

a) Excedencia.

b) Servicios especiales.

c) Servicio en otras Administraciones Públicas.

d) Servicio activo.

**21. Cuando finalizada la causa que determinó el pase a una situación distinta a la de servicio activo se incumpla la obligación de solicitar el reingreso al servicio activo en el plazo en que se determine reglamentariamente:**

a) El interesado perderá la condición de funcionario.

b) Procederá declarar de oficio la excedencia voluntaria por interés particular.

c) Procederá declarar de oficio la suspensión de funciones.

d) Se entenderá que renuncia a la condición de funcionario.

**22. En relación con la excedencia por cuidado de familiares, es cierto que:**

a) En el caso de que dos funcionarios generasen el derecho a disfrutarla por el mismo sujeto causante, no se les podrá limitar el uso íntegro y simultáneo de la misma.

b) El tiempo de permanencia en esta situación no será computable a efectos de trienios, carrera y derechos en el régimen de Seguridad Social que sea de aplicación.

c) Los funcionarios en esta situación no podrán participar en los cursos de formación que convoque la Administración.

d) El período de excedencia será único por cada sujeto causante. Cuando un nuevo sujeto causante diera origen a una nueva excedencia, el inicio del período de la misma pondrá fin al que se viniera disfrutando.

**23. La funcionaria en excedencia por violencia de género tendrá derecho a percibir las retribuciones íntegras y, en su caso, las prestaciones familiares por hijo a cargo:**

a) Durante los dos primeros meses de esta excedencia.

b) Durante los seis primeros meses.

c) Durante un año.

d) Durante todo el tiempo que permanezca en esta situación.

**24. Los funcionarios que habiendo accedido a la condición de Diputado o Senador de las Cortes Generales perdieran tal condición por disolución de las correspondientes cámaras o terminación del mandato de las mismas:**

a) Podrán permanecer en la situación de servicios especiales hasta su nueva constitución.

b) Pasarán al servicio activo en su condición de funcionarios.

c) Quedarán en situación de excedencia forzosa hasta su reingreso al servicio activo.

d) Quedarán en la situación de servicios especiales hasta su reingreso al servicio activo.

**25. Los funcionarios que sean designados como personal eventual por ocupar puestos de trabajo con funciones expresamente calificadas como de confianza o asesoramiento político:**

a) Serán declarados en situación de servicios especiales.

b) Continuarán en situación de servicio activo.

c) Pasarán a la situación de excedencia.

d) Podrán optar por permanecer en la situación de servicio activo.

**26. La potestad disciplinaria se ejercerá de acuerdo, entre otros, con el principio de:**

a) Irretroactividad de las disposiciones sancionadoras favorables al presunto infractor.

b) Proporcionalidad aplicable a las sanciones pero no a la clasificación de las faltas.

c) Presunción de culpabilidad en el caso del personal directivo.

d) Legalidad y tipicidad de las faltas y sanciones, a través de la predeterminación normativa y, en el caso del personal laboral, de los convenios colectivos.

**27. Se considera falta muy grave de los empleados públicos:**

a) El incumplimiento del deber de respeto a la Constitución y a los respectivos Estatutos de Autonomía de las Comunidades Autónomas en el ejercicio de la función pública.

b) El abuso de autoridad en el desempeño de sus funciones.

c) La tolerancia por los superiores jerárquicos de la comisión de faltas muy graves del personal bajo su dependencia.

d) Las acciones u omisiones dirigidas a evadir los sistemas de control de horarios o a impedir que sean detectados los incumplimientos injustificados de la jornada de trabajo.

**28. Las faltas disciplinarias muy graves prescriben:**

a) Al año.

b) A los 3 años.

c) A los 5 años.

d) No prescriben mientras no se extinga la condición de personal funcionario de carrera.

**29. Según el artículo 97 del EBEP, las sanciones impuestas por faltas leves prescribirán:**

a) A los 6 meses.
b) Al año.
c) A los 2 años.
d) A los 3 años.

**30. Según el artículo 98 del EBEP, el procedimiento disciplinario que se establezca en el desarrollo del Estatuto se estructurará atendiendo a los principios de eficacia, celeridad y:**

a) Transparencia.
b) Presunción de inocencia.
c) Legalidad.
d) Economía procesal.

# Solución al test n.º 16

**1.** c) Las cuantías de las retribuciones básicas y el incremento de las cuantías globales de las retribuciones complementarias de los funcionarios, así como el incremento de la masa salarial del personal laboral, deberán reflejarse para cada ejercicio presupuestario en la correspondiente ley de presupuestos.

**2.** d) Retribución diferida.

**3.** d) Como mínimo, se corresponderán a las del sueldo del Subgrupo o Grupo, en el supuesto de que este no tenga Subgrupo, en que aspiren a ingresar.

**4.** b) Las correspondientes leyes de cada Administración Pública.

**5.** c) Del complemento por el esfuerzo con que el funcionario desempeña su trabajo.

**6.** d) Continuarán percibiendo los trienios en cada momento perfeccionados computándose dicho tiempo, a efectos de consolidación de trienios y de derechos pasivos, como servido en el nuevo Cuerpo o Escala en el caso de que, de manera efectiva, se adquiera la condición de funcionario de carrera en estos últimos.

**7.** a) No, en ningún caso.

**8.** d) La determinación de condiciones de trabajo del personal directivo.

**9.** a) Las normas que fijen los criterios generales en materia de acceso, carrera, provisión, sistemas de clasificación de puestos de trabajo, y planes e instrumentos de planificación de recursos humanos.

**10.** d) El concurso.

**11.** b) La voluntariedad de los traslados.

**12.** b) Traslado forzoso.

**13.** a) Servicio en otras Administraciones Públicas.

**14.** d) Motivadamente.

**15.** b) Asignar un puesto de trabajo conforme al sistema de carrera profesional propio de cada Administración Pública y con las garantías inherentes de dicho sistema.

**16.** a) Que como máximo, podrá alcanzar la que se determine en las mismas para la antigüedad.

**17.** b) Se establecerán por las leyes de Función Pública que se dicten en desarrollo del EBEP.

**18.** b) En caso de urgente e inaplazable necesidad.

**19.** a) Permanecerán en la Administración de destino, que deberá asignarles un puesto de trabajo conforme a los sistemas de carrera y provisión de puestos vigentes en dicha Administración.

**20.** b) Servicios especiales.

**21.** b) Procederá declarar de oficio la excedencia voluntaria por interés particular.

**22.** d) El período de excedencia será único por cada sujeto causante. Cuando un nuevo sujeto causante diera origen a una nueva excedencia, el inicio del período de la misma pondrá fin al que se viniera disfrutando.

**23.** a) Durante los dos primeros meses de esta excedencia.

**24.** a) Podrán permanecer en la situación de servicios especiales hasta su nueva constitución.

**25.** d) Podrán optar por permanecer en la situación de servicio activo.

**26.** d) Legalidad y tipicidad de las faltas y sanciones, a través de la predeterminación normativa y, en el caso del personal laboral, de los convenios colectivos.

**27.** a) El incumplimiento del deber de respeto a la Constitución y a los respectivos Estatutos de Autonomía de las Comunidades Autónomas en el ejercicio de la función pública.

**28.** b) A los 3 años.

**29.** b) Al año.

**30.** d) Economía procesal.

**La Ley Orgánica 3/2007, de 22 de marzo, para la igualdad efectiva de mujeres y hombres. Objeto y ámbito de aplicación (Título Preliminar). El principio de igualdad y la tutela contra la discriminación (Título I). Los planes de igualdad de las empresas y otras medidas de promoción de la igualdad (artículos 45 a 49, ambos inclusive). Criterios de actuación de las Administraciones Públicas (artículo 51). Principales medidas contempladas en el Plan para la Igualdad de oportunidades del Ayuntamiento de Sevilla. La Ley Orgánica 1/2004, de 28 de diciembre, de Medidas de Protección Integral contra la Violencia de Género. Objeto y principios rectores (artículos 1 y 2). Derechos de las mujeres víctimas de violencia de género a la información, a la asistencia social integrada y a la asistencia jurídica gratuita (artículos 17 a 20, ambos inclusive). Derechos de las funcionarias públicas (artículos 24 a 26, ambos inclusive)**

**1. Según su artículo 1, la LO 3/2007 tiene por objeto hacer efectivo el derecho de:**

a) Conciliación de la vida laboral y familiar de mujeres y hombres.
b) Igualdad de trato y de oportunidades entre mujeres y hombres.
c) Participación en los asuntos públicos en igualdad de condiciones.
d) No discriminación por razón de sexo.

**2. Las obligaciones establecidas en la LO 3/2007 son de aplicación a:**

a) A toda persona, física o jurídica, que se encuentre o actúe en territorio español, cualquiera que fuese su nacionalidad, domicilio o residencia.
b) A todos los ciudadanos españoles, ya sea en territorio español o territorio de cualquier país extranjero.
c) A toda persona, física o jurídica, que se encuentre o actúe en territorio español, con nacionalidad española.
d) A toda persona, física o jurídica, que resida en territorio español, cualquiera que fuese su nacionalidad.

**3. Señala la opción incorrecta. Según el artículo 3 de la LO 3/2007, el principio de igualdad de trato entre mujeres y hombres supone la ausencia de toda discriminación, directa o indirecta, por razón de sexo, y especialmente, las derivadas de:**

a) La maternidad.
b) La tendencia sexual.
c) La asunción de obligaciones familiares.
d) El estado civil.

**4. Según el artículo 4 de la LO 3/2007, la igualdad de trato y de oportunidades entre mujeres y hombres:**

a) Es un deber de las Administraciones Públicas.
b) Es una fuente formal del Derecho.
c) Es un principio informador del ordenamiento jurídico.
d) Es un objetivo fundamental del procedimiento administrativo.

**5. La situación en que se encuentra una persona que sea, haya sido o pudiera ser tratada, en atención a su sexo, de manera menos favorable que otra en situación comparable, se considera:**

a) Discriminación directa.
b) Acoso sexual.
c) Discriminación indirecta.
d) Violencia de género.

**6. A los efectos de la LO 3/2007, definimos como acoso sexual:**

a) Cualquier comportamiento realizado en función del sexo de una persona, con el propósito o el efecto de atentar contra su dignidad y de crear un entorno intimidatorio, degradante u ofensivo.
b) La situación en que una disposición, criterio o práctica aparentemente neutros pone a personas de un sexo en desventaja particular con respecto a personas del otro, salvo que dicha disposición, criterio o práctica puedan justificarse objetivamente en atención a una finalidad legítima y que los medios para alcanzar dicha finalidad sean necesarios y adecuados.
c) Todo trato desfavorable a las mujeres relacionado con el embarazo o la maternidad.
d) Cualquier comportamiento, verbal o físico, de naturaleza sexual que tenga el propósito o produzca el efecto de atentar contra la dignidad de una persona, en particular cuando se crea un entorno intimidatorio, degradante u ofensivo.

**7. Cualquier comportamiento realizado en función del sexo de una persona, con el propósito o el efecto de atentar contra su dignidad y de crear un entorno intimidatorio, degradante u ofensivo, constituye:**

a) Discriminación directa.
b) Acoso sexual.

c) Acoso por razón de sexo.
d) Discriminación indirecta.

**8. Conforme al artículo 7.4 de la LO 3/2007, el condicionamiento de un derecho o de una expectativa de derecho a la aceptación de una situación constitutiva de acoso sexual o de acoso por razón de sexo se considerará:**

a) Acto de discriminación por razón de sexo.
b) Creación de un entorno intimidatorio, degradante u ofensivo.
c) Anulable y sin efecto.
d) Indemnizable.

**9. En virtud del artículo 9 de la LO 3/2007, cualquier trato adverso o efecto negativo que se produzca en una persona como consecuencia de la presentación por su parte de queja, reclamación, denuncia, demanda o recurso, de cualquier tipo, destinados a impedir su discriminación y a exigir el cumplimiento efectivo del principio de igualdad de trato entre mujeres y hombres, se considerará:**

a) Discriminación directa.
b) Discriminación por razón de sexo.
c) Injustificado.
d) Acoso sexual.

**10. Para prevenir la realización de conductas discriminatorias en los actos y las cláusulas de los negocios jurídicos, el artículo 10 de la LO 3/2007 prevé la existencia de un sistema de sanciones eficaz y:**

a) Proporcionado.
b) Comprensible.
c) Cuantificable.
d) Disuasorio.

**11. Conforme al artículo 12 de la LO 3/2007, cualquier persona podrá recabar de los tribunales la tutela del derecho a la igualdad entre mujeres y hombres, de acuerdo con lo establecido en el artículo 53.2 de la Constitución:**

a) Siempre que la relación en la que supuestamente se produce la discriminación se encuentre vigente.
b) Incluso tras la terminación de la relación en la que supuestamente se ha producido la discriminación.
c) Siempre que se haya dado por terminada la relación en la que supuestamente se produce la discriminación.
d) A menos que se haya procedido a la suspensión de la relación en la que supuestamente se produce la discriminación.

**12. Se definen como "un conjunto ordenado de medidas, adoptadas después de realizar un diagnóstico de situación, tendentes a alcanzar en la empresa la igualdad de trato y de oportunidades entre mujeres y hombres y a eliminar la discriminación por razón de sexo":**

a) Los programas de mejora de la empleabilidad de las mujeres.

b) Las medidas de acción positiva para favorecer el acceso de las mujeres al empleo y la aplicación efectiva del principio de igualdad de trato y no discriminación en las condiciones de trabajo.

c) Los protocolos de actuación frente al acoso sexual y al acoso por razón de sexo.

d) Los planes de igualdad de las empresas.

**13. En relación a los Planes de Igualdad de las Empresas, es cierto que:**

a) Son obligatorios en todas las empresas de más de 10 trabajadores.

b) Se referirán a unidades organizativas dentro de la Empresa, sin perjuicio del establecimiento de acciones especiales adecuadas a la totalidad de la Empresa.

c) Son un conjunto ordenado de medidas, adoptadas después de realizar un diagnóstico de situación.

d) No pueden tratar materias de retribuciones o de organización del tiempo de trabajo.

**14.  Conforme al artículo 46 de la LO 3/2007 y en relación a los planes de igualdad es cierto que:**

a) Los planes de igualdad incluirán la totalidad de una empresa.

b) Las empresas podrán inscribir sus planes de igualdad en el Registro de Planes de Igualdad de las Empresas.

c) El Registro de Planes de Igualdad de las Empresas es independiente de los Registros de convenios y acuerdos colectivos de trabajo.

d) Por ley se desarrollará el diagnóstico, los contenidos, las materias, las auditorías salariales, los sistemas de seguimiento y evaluación de los planes de igualdad, así como el Registro de Planes de Igualdad, en lo relativo a su constitución, características y condiciones para la inscripción y acceso.

**15. En virtud de los artículos 47, 48 y 49 de la LO 3/2007 y en relación a los Planes de igualdad de las empresas es cierto que:**

a) Se garantiza el acceso de los propios trabajadores y trabajadoras, o, en su defecto, de la representación legal de los trabajadores y trabajadoras, a la información sobre el contenido de los Planes de igualdad y la consecución de sus objetivos.

b) Los representantes de los trabajadores deberán promover condiciones de trabajo que eviten el acoso sexual y el acoso por razón de sexo y arbitrar procedimientos específicos para su prevención y para dar cauce a las denuncias o reclamaciones que puedan formular quienes hayan sido objeto del mismo.

c) Para impulsar la adopción voluntaria de planes de igualdad, el Gobierno establecerá medidas de fomento, especialmente dirigidas a las pequeñas y las medianas empresas, que incluirán el apoyo técnico necesario.

d) Las empresas deberán contribuir a prevenir el acoso sexual y el acoso por razón de sexo en el trabajo mediante la sensibilización de los trabajadores y trabajadoras frente al mismo y la información a los representantes de los trabajadores de las conductas o comportamientos de que tuvieran conocimiento y que pudieran propiciarlo.

**16. Conforme al artículo 51 de la LO 3/2007, las Administraciones Públicas, en el ámbito de sus respectivas competencias y en aplicación del principio de igualdad entre mujeres y hombres, deberán facilitar la conciliación de la vida personal, familiar y laboral, sin menoscabo de:**

a) La promoción profesional.
b) La evaluación periódica del desempeño.
c) Las retribuciones salariales.
d) La presencia equilibrada de mujeres y hombres en los órganos de selección y valoración.

**17. ¿Cuántos ejes estratégicos contempla el Plan de Igualdad de Oportunidades del Personal del Ayuntamiento de Sevilla?**

a) 5.
b) 7.
c) 10.
d) 14.

**18. El objetivo del Eje estratégico I del Plan de Igualdad de Oportunidades del Personal del Ayuntamiento de Sevilla es:**

a) Facilitar la conciliación de la vida personal, familiar y laboral.
b) Garantizar, fortalecer y desarrollar la igualdad de trato y de oportunidades en el Ayuntamiento de Sevilla.
c) Elaborar protocolos para la prevención, atención, intervención, protección y seguimiento de los casos de violencia de género.
d) Integrar la perspectiva de género en el conjunto de actividades de todos los Departamentos Municipales.

**19. La LO 1/2004 tiene por objeto:**

a) Actuar contra la violencia que, como manifestación de la discriminación, la situación de desigualdad y las relaciones de poder de los hombres sobre las mujeres, se ejerce sobre éstas por parte de quienes sean o hayan sido sus cónyuges o de quienes estén o hayan estado ligados a ellas por relaciones similares de afectividad, aun sin convivencia.

b) Actuar contra la violencia que, como manifestación de la discriminación, la situación de desigualdad y las relaciones de poder de los hombres sobre las mujeres, se ejerce sobre éstas por parte de quienes sean o hayan sido sus cónyuges o de quienes estén o hayan estado ligados a ellas por relaciones similares de afectividad, siempre que exista convivencia.

c) Actuar contra la violencia que, como manifestación de la discriminación, la situación de desigualdad y las relaciones de poder de los hombres sobre las mujeres, se ejerce sobre éstas por parte de quienes sean sus cónyuges o de quienes estén ligados a ellas por relaciones similares de afectividad, siempre que exista convivencia.

d) Actuar contra la violencia que, como manifestación de la discriminación, la situación de desigualdad y las relaciones de poder de los hombres sobre las mujeres, se ejerce sobre éstas por parte de quienes sean sus cónyuges o de quienes estén ligados a ellas por relaciones similares de afectividad, aun sin convivencia.

**20. Conforme al artículo 2 de la LO 1/2004, un principio rector de esta ley es consagrar los derechos de las mujeres víctimas de violencia de género exigibles ante las Administraciones Públicas, y así asegurar un acceso a los servicios establecidos al efecto, rápido, transparente y:**

a) Eficaz.
b) Duradero.
c) Seguro.
d) Económico.

**21. Según el artículo 2 de la LO 1/2004, uno de los fines a alcanzar a través del conjunto integral de medidas articulado en esta ley es, garantizar derechos económicos para las mujeres víctimas de violencia de género:**

a) Así como establecer un sistema para la más eficaz coordinación de los servicios ya existentes a nivel municipal y autonómico.
b) Para asegurar la prevención de los hechos de violencia de género.
c) Con el fin de facilitar su integración social.
d) Promoviendo la colaboración y participación de las entidades, asociaciones y organizaciones que desde la sociedad civil actúan contra la violencia de género.

**22. En los instrumentos y procedimientos de cooperación entre la Administración General del Estado y la Administración de las Comunidades Autónomas en materia de asistencia social integral, se incluirán compromisos de aportación, por parte de la Administración General del Estado, de recursos financieros referidos específicamente a:**

a) La prestación de los servicios.
b) La formación de personal.
c) La publicidad de las acciones realizadas.
d) La elaboración de estadísticas fiables.

**23. Señala la opción correcta. En relación al derecho a la asistencia jurídica, la Ley Orgánica de Medidas de Protección integral contra la Violencia de Género señala que:**

a) En caso de fallecimiento de la víctima, este derecho no podrá asistir a los causahabientes.

b) Las víctimas de violencia de género tienen derecho a recibir asesoramiento jurídico gratuito una vez se haya interpuesto la denuncia.

c) Las fuerzas y cuerpos de seguridad adoptarán las medidas necesarias para la designación urgente de letrado de oficio en los procedimientos que se sigan por violencia de género.

d) En todo caso, se garantizará la defensa jurídica, gratuita y especializada de forma inmediata a todas las víctimas de violencia de género que lo soliciten.

**24. En relación al derecho de las víctimas de violencia de género a recibir asesoramiento jurídico gratuito y a la defensa y representación gratuitas por abogado y procurador en todos los procesos y procedimientos administrativos que tengan causa directa o indirecta en la violencia padecida, NO es cierto que:**

a) Este derecho asistirá también a los causahabientes en caso de fallecimiento de la víctima, siempre que no fueran partícipes en los hechos.

b) El abogado designado para la víctima tendrá también habilitación legal para la representación procesal de aquella hasta la designación del procurador, en tanto la víctima no se haya personado como acusación.

c) Las víctimas de violencia de género podrán personarse como acusación particular en cualquier momento del procedimiento pudiéndose retrotraer y reiterar las actuaciones ya practicadas antes de su personación.

d) A los efectos de la concesión del beneficio de justicia gratuita, la condición de víctima se adquirirá cuando se formule denuncia o querella, o se inicie un procedimiento penal, y se mantendrá mientras permanezca en vigor el procedimiento penal o cuando, tras su finalización, se hubiere dictado sentencia condenatoria.

**25. Las mujeres víctimas de violencia de género tienen derecho a servicios sociales de atención, de emergencia, de apoyo y acogida y de recuperación integral. La organización de estos servicios por parte de las comunidades autónomas y las Corporaciones Locales responderá a los principios de atención permanente, actuación urgente, especialización de prestaciones y:**

a) Apoyo social.
b) Multidisciplinariedad profesional.
c) Territorialidad.
d) Acceso directo.

# Solución al test n.º 17

**1.** b) Igualdad de trato y de oportunidades entre mujeres y hombres.

**2.** a) A toda persona, física o jurídica, que se encuentre o actúe en territorio español, cualquiera que fuese su nacionalidad, domicilio o residencia.

**3.** b) La tendencia sexual.

**4.** c) Es un principio informador del ordenamiento jurídico.

**5.** a) Discriminación directa.

**6.** d) Cualquier comportamiento, verbal o físico, de naturaleza sexual que tenga el propósito o produzca el efecto de atentar contra la dignidad de una persona, en particular cuando se crea un entorno intimidatorio, degradante u ofensivo.

**7.** c) Acoso por razón de sexo.

**8.** a) Acto de discriminación por razón de sexo.

**9.** b) Discriminación por razón de sexo.

**10.** d) Disuasorio.

**11.** b) Incluso tras la terminación de la relación en la que supuestamente se ha producido la discriminación.

**12.** d) Los planes de igualdad de las empresas.

**13.** c) Son un conjunto ordenado de medidas, adoptadas después de realizar un diagnóstico de situación.

**14.** a) Los planes de igualdad incluirán la totalidad de una empresa.

**15.** c) Para impulsar la adopción voluntaria de planes de igualdad, el Gobierno establecerá medidas de fomento, especialmente dirigidas a las pequeñas y las medianas empresas, que incluirán el apoyo técnico necesario.

**16.** a) La promoción profesional.

**17.** c) 10.

**18.** d) Integrar la perspectiva de género en el conjunto de actividades de todos los Departamentos Municipales.

**19.** a) Actuar contra la violencia que, como manifestación de la discriminación, la situación de desigualdad y las relaciones de poder de los hombres sobre las mujeres, se ejerce sobre éstas por parte de quienes sean o hayan sido sus cónyuges o de quienes estén o hayan estado ligados a ellas por relaciones similares de afectividad, aun sin convivencia.

**20.** a) Eficaz.

**21.** c) Con el fin de facilitar su integración social.

**22.** a) La prestación de los servicios.

**23.** d) En todo caso, se garantizará la defensa jurídica, gratuita y especializada de forma inmediata a todas las víctimas de violencia de género que lo soliciten.

**24.** c) Las víctimas de violencia de género podrán personarse como acusación particular en cualquier momento del procedimiento pudiéndose retrotraer y reiterar las actuaciones ya practicadas antes de su personación.

**25.** b) Multidisciplinariedad profesional.

**El Presupuesto Municipal: contenido y aprobación (artículos 162 a 171, ambos inclusive, del texto refundido de la Ley Reguladora de Haciendas Locales). La ejecución del presupuesto (artículos 183 a 189, ambos inclusive, del texto refundido de la Ley Reguladora de Haciendas Locales)**

**1. Las entidades locales elaborarán y aprobarán anualmente un presupuesto general en el que se integrarán:**

a) El presupuesto de la propia entidad.

b) Los de los organismos autónomos dependientes de esta.

c) Los estados de previsión de gastos e ingresos de las sociedades mercantiles cuyo capital social pertenezca íntegramente a la entidad local.

d) Todas las respuestas anteriores son correctas.

**2. Indica cuál de las siguientes opciones no es correcta, en lo que se refiere a los Anexos a unir al presupuesto general:**

a) Los planes y programas de inversión y financiación que, para un plazo de dos años, podrán formular los municipios y demás entidades locales de ámbito supramunicipal.

b) Los programas anuales de actuación, inversiones y financiación de las sociedades mercantiles de cuyo capital social sea titular único o partícipe mayoritario la entidad local.

c) El estado de consolidación del presupuesto de la propia entidad con el de todos los presupuestos y estados de previsión de sus organismos autónomos y sociedades mercantiles.

d) El estado de previsión de movimientos y situación de la deuda comprensiva del detalle de operaciones de crédito o de endeudamiento pendientes de reembolso al principio del ejercicio, de las nuevas operaciones previstas a realizar a lo largo del ejercicio y del volumen de endeudamiento al cierre del ejercicio económico, con distinción de operaciones a corto plazo, operaciones a largo plazo, de recurrencia al mercado de capitales y realizadas en divisas o similares, así como de las amortizaciones que se prevén realizar durante el mismo ejercicio.

**3. La clasificación económica:**

a) Se clasifica en Grupos y Funciones.
b) Se clasifica en dos niveles: Capítulos y artículos.
c) Se clasifica en tres niveles: Capítulos, artículos y conceptos.
d) Se clasifican en área de gasto y política de gasto.

**4. El presupuesto de cada uno de los organismos autónomos integrantes del general, propuesto inicialmente por el órgano competente de aquellos, será remitido a la Entidad Local de la que dependan antes del:**

a) 15 de septiembre de cada año.
b) 1 de septiembre de cada año.
c) 15 de octubre de cada año.
d) 30 de septiembre de cada año.

**5. Las sociedades mercantiles, incluso de aquellas en cuyo capital sea mayoritaria la participación de la Entidad Local remitirán a esta sus previsiones de gastos e ingresos, así como los programas anuales de actuación, inversiones y financiación para el ejercicio siguiente antes del día:**

a) 15 de septiembre de cada año.
b) 1 de septiembre de cada año.
c) 15 de octubre de cada año.
d) 30 de septiembre de cada año.

**6. Sobre la base de los presupuestos y estados de previsión, el presidente de la entidad formará el presupuesto general y lo remitirá, informado por la Intervención y con los anexos y documentación complementaria al Pleno de la corporación para su aprobación, enmienda o devolución antes del día:**

a) 15 de septiembre de cada año.
b) 1 de septiembre de cada año.
c) 15 de octubre de cada año.
d) 30 de septiembre de cada año.

**7. Aprobado inicialmente el presupuesto general, se expondrá al público, previo anuncio en el boletín oficial de la provincia o, en su caso, de la comunidad autónoma uniprovincial por un plazo de:**

a)  5 días, durante los cuales los interesados podrán examinarlos y presentar reclamaciones ante el Pleno.
b) 10 días, durante los cuales los interesados podrán examinarlos y presentar reclamaciones ante el Pleno.

c) 15 días, durante los cuales los interesados podrán examinarlos y presentar reclamaciones ante el Pleno.

d) 20 días, durante los cuales los interesados podrán examinarlos y presentar reclamaciones ante el Pleno.

**8. La aprobación definitiva del presupuesto general por el Pleno de la corporación habrá de realizarse antes del día:**

a) 31 de diciembre del año anterior al del ejercicio en que deba aplicarse.

b) 1 de diciembre del año anterior al del ejercicio en que deba aplicarse.

c) 15 de enero del ejercicio en que deba aplicarse.

d) 15 de diciembre del año anterior al del ejercicio en que deba aplicarse.

**9. Podrán entablarse reclamaciones contra el presupuesto:**

a) Por no haberse ajustado su elaboración y aprobación a los trámites establecidos en la ley.

b) Por omitir el crédito necesario para el cumplimiento de obligaciones exigibles a la entidad local, en virtud de precepto legal o de cualquier otro título legítimo.

c) Por ser de manifiesta insuficiencia los ingresos con relación a los gastos presupuestados o bien de estos respecto a las necesidades para las que esté previsto.

d) Todas las respuestas anteriores son correctas. mmmm

**10. La autorización del gasto es:**

a) El acto mediante el cual se acuerda la realización de un gasto determinado por una cuantía cierta o aproximada, reservando a tal fin la totalidad o parte de un crédito presupuestario.

b) El acto mediante el cual el Ordenador de Pagos, sobre la base de una obligación reconocida y liquidada, expide la correspondiente Orden de Pago contra la Tesorería de la Entidad.

c) El acto mediante el cual se declara la existencia de un crédito exigible contra la Entidad derivado de un gasto autorizado y comprometido.

d) El acto mediante el cual se acuerda, tras el cumplimiento de los trámites legalmente establecidos, la realización de gastos, previamente autorizados, por un importe exactamente determinado.

**11. La disposición o compromiso de gasto es:**

a) El acto mediante el cual se acuerda la realización de un gasto determinado por una cuantía cierta o aproximada, reservando a tal fin la totalidad o parte de un crédito presupuestario.

b) El acto mediante el cual el Ordenador de Pagos, sobre la base de una obligación reconocida y liquidada, expide la correspondiente Orden de Pago contra la Tesorería de la Entidad.

c) El acto mediante el cual se declara la existencia de un crédito exigible contra la Entidad derivado de un gasto autorizado y comprometido.

d) El acto mediante el cual se acuerda, tras el cumplimiento de los trámites legalmente establecidos, la realización de gastos, previamente autorizados, por un importe exactamente determinado.

### 12. El reconocimiento o liquidación de la obligación es:

a) El acto mediante el cual se acuerda la realización de un gasto determinado por una cuantía cierta o aproximada, reservando a tal fin la totalidad o parte de un crédito presupuestario.

b) El acto mediante el cual el Ordenador de Pagos, sobre la base de una obligación reconocida y liquidada, expide la correspondiente Orden de Pago contra la Tesorería de la Entidad.

c) El acto mediante el cual se declara la existencia de un crédito exigible contra la Entidad derivado de un gasto autorizado y comprometido.

d) El acto mediante el cual se acuerda, tras el cumplimiento de los trámites legalmente establecidos, la realización de gastos, previamente autorizados, por un importe exactamente determinado.

### 13. La ordenación del pago es:

a) El acto mediante el cual se acuerda la realización de un gasto determinado por una cuantía cierta o aproximada, reservando a tal fin la totalidad o parte de un crédito presupuestario.

b) El acto mediante el cual el Ordenador de Pagos, sobre la base de una obligación reconocida y liquidada, expide la correspondiente Orden de Pago contra la Tesorería de la Entidad.

c) El acto mediante el cual se declara la existencia de un crédito exigible contra la Entidad derivado de un gasto autorizado y comprometido.

d) El acto mediante el cual se acuerda, tras el cumplimiento de los trámites legalmente establecidos, la realización de gastos, previamente autorizados, por un importe exactamente determinado.

### 14. Compete al Pleno de la Entidad:

a) La autorización de gastos de carácter ordinario.

b) Los contratos privados cuando su importe no supere el 10 % de los recursos ordinarios del presupuesto ni la cuantía de 6 millones de euros.

c) El reconocimiento de obligaciones correspondientes a hechos o actos producidos en ejercicios cerrados.

d) Los contratos de obras cuando su importe no supere el 10 % de los recursos ordinarios del presupuesto ni la cuantía de 6 millones de euros.

**15. El Pleno de la Entidad Local, a propuesta del Presidente de la misma, podrá crear:**

a) Una Unidad de Ordenación de Pagos que, bajo la superior autoridad del Presidente, ejerza las funciones administrativas de la ordenación de pagos.

b) En las Entidades de más de 250.000 habitantes de derecho, una Unidad Central de Tesorería que, bajo la superior autoridad del Presidente, ejerza las funciones de ordenación de pagos.

c) Una Unidad de Ordenación de Pagos que, bajo la superior autoridad del Teniente Alcalde en materia de Hacienda, ejerza las funciones administrativas de la ordenación de pagos

d) En las Entidades de más de 450.000 habitantes de derecho, una Unidad Central de Tesorería que, bajo la superior autoridad del Presidente, ejerza las funciones de ordenación de pagos.

# Solución al test n.º 18

**1.** d) Todas las respuestas anteriores son correctas.

**2.** a) Los planes y programas de inversión y financiación que, para un plazo de dos años, podrán formular los municipios y demás entidades locales de ámbito supramunicipal.

**3.** c) Se clasifica en tres niveles: Capítulos, artículos y conceptos.

**4.** a) 15 de septiembre de cada año.

**5.** a) 15 de septiembre de cada año.

**6.** c) 15 de octubre de cada año.

**7.** c) 15 días, durante los cuales los interesados podrán examinarlos y presentar reclamaciones ante el Pleno.

**8.** a) 31 de diciembre del año anterior al del ejercicio en que deba aplicarse.

**9.** d) Todas las respuestas anteriores son correctas.

**10.** a) El acto mediante el cual se acuerda la realización de un gasto determinado por una cuantía cierta o aproximada, reservando a tal fin la totalidad o parte de un crédito presupuestario.

**11.** d) El acto mediante el cual se acuerda, tras el cumplimiento de los trámites legalmente establecidos, la realización de gastos, previamente autorizados, por un importe exactamente determinado.

**12.** c) El acto mediante el cual se declara la existencia de un crédito exigible contra la Entidad derivado de un gasto autorizado y comprometido.

**13.** b) El acto mediante el cual el Ordenador de Pagos, sobre la base de una obligación reconocida y liquidada, expide la correspondiente Orden de Pago contra la Tesorería de la Entidad.

**14.** c) El reconocimiento de obligaciones correspondientes a hechos o actos producidos en ejercicios cerrados.

**15.** a) Una Unidad de Ordenación de Pagos que, bajo la superior autoridad del Presidente, ejerza las funciones administrativas de la ordenación de pagos.

# Ofimática

# PARTE II

# TEST N.º 1

**Informática básica: conceptos fundamentales sobre el *hardware* y el *software*. Sistemas de almacenamiento de datos. Sistemas operativos. Nociones básicas de seguridad informática**

**1. Indica cuál de los siguientes elementos se considera Hardware Básico:**

a) CPU.
b) Tarjeta Wifi.
c) DVD.
d) Ninguna de las anteriores.

**2. ¿Cuál de los siguientes elementos se puede considerar como Dispositivo de Entrada/Salida bidireccional?**

a) Monitor.
b) Tarjeta de red.
c) Teclado.
d) Impresora.

**3. Completar la frase. Los datos .............. se obtienen del procesador, tras el procesamiento de los datos de entrada:**

a) Salida.
b) Finales.
c) Intermedios.
d) Interiores.

**4. El principio en relación a los datos e información en un sistema que indica que todos los datos necesarios para generar la información estén disponibles se denomina:**

a) Integridad.
b) Encriptación.
c) Unidad.
d) Ninguna de las anteriores.

**5. El CD óptico tiene una capacidad de almacenamiento aproximada de:**

a) 4 GB.
b) 1 TB.
c) 4.7 GB.
d) 700 MB.

**6. La diferencia fundamental entre un disco duro tradicional y un SSD estriba en que:**

a) El SSD es más rápido.
b) El SSD no dispone de cabezales.
c) El disco duro dispone de mayor capacidad de almacenamiento.
d) Todas son correctas.

**7. ¿El formato de archivos ext2 es típico de que Sistema Operativo?**

a) Windows.
b) Linux.
c) Mac.
d) Ninguna es correcta.

**8. ¿Qué unidad de almacenamiento de datos es mayor?**

a) TeraByte.
b) KiloByte.
c) MegaByte.
d) GigaByte.

**9. El virus que hace cada vez más lento e inoperativo al PC infectado se denomina:**

a) Gusano.
b) Troyano.
c) Zombie.
d) Ninguna de las anteriores.

**10. ¿Cuál de los siguientes términos NO se refiere a un algoritmo de cifrado?**

a) WEP.
b) TKIP.
c) Spam.
d) WPA.

**11. ¿Cuál de los siguientes elementos NO es un periférico?**

a) Teclado.
b) Ratón.

c) Monitor.
d) Memoria RAM.

**12. El tipo de ordenador específicamente diseñado para funcionar 24 horas durante los 7 días de la semana se denomina:**

a) Portátil.
b) Servidor.
c) PC.
d) Ninguna de las anteriores.

**13. La tecnología de CPU consistente en usar instrucciones simples se denomina:**

a) RISC.
b) CISC.
c) DISK.
d) TISK.

**14. ¿Qué tipo de memoria se utiliza para albergar la BIOS de un ordenador?**

a) RAM.
b) SSD.
c) ROM.
d) Flash.

**15. Si la imagen de un monitor muestra colores muy difusos es posible que el problema que tenga es que:**

a) Esté imantado.
b) La frecuencia de refresco no es correcta.
c) La resolución no es adecuada.
d) Ninguna de las anteriores.

**16. Un signo de que el idioma seleccionado en Windows no es castellano puede ser:**

a) Mala resolución de la imagen.
b) Parpadeo de la pantalla.
c) Los caracteres de las teclas no coinciden con el que indican.
d) Ninguna de las anteriores.

**17. Los controladores de los dispositivos están englobados dentro de ¿qué tipo de software?**

a) De aplicación.
b) De Sistema.
c) De Programación.
d) Ninguna de las anteriores.

**18. ¿A qué nos podemos referir al usar las palabras booleano, carácter, entero, natural...?**

a) Dispositivos.
b) Tipos de datos.
c) Virus.
d) Programas.

**19. El elemento Hardware que impide la entrada de intrusos en la red de datos interna o local se denomina:**

a) Antivirus.
b) Escáner.
c) Rúter.
d) Firewall.

**20. La acción o suceso que compromete la seguridad del sistema se denomina:**

a) Vulnerabilidad.
b) Amenaza.
c) Acceso.
d) Identificación.

**21. Un hacker que se introduce en el sistema pero no hace nada se suele denominar:**

a) Virus.
b) Gusano.
c) Curioso.
d) Troyano.

**22. El acceso no autorizado a sistemas informáticos tiene la denominación de**

a) Hacker.
b) Hacking.
c) Firewall.
d) Bumping.

**23. El procedimiento para ocultar la información mediante algoritmos se denomina:**

a) Cifrado.
b) Encriptado.
c) Enrutado.
d) Ninguna de las anteriores.

**24. ¿Cuál o cuáles son las tareas que le corresponden a un administrador de sistemas?**

a) Crear usuarios.
b) Crear permisos.
c) Asignar permisos a los usuarios.
d) Todas las anteriores son correctas.

**25. A la realización de copias de seguridad periódicas de los datos importantes se le denomina:**

a) Volcado.
b) Gestión de datos.
c) BackUp.
d) Programación.

**26. La unidad mínima de información en informática se denomina:**

a) Byte.
b) Nibble.
c) KiloByte.
d) Bit.

**27. Los ordenadores más apropiados para el tratamiento de imágenes debido a sus especificaciones son:**

a) MAC.
b) Servidores.
c) Portátiles.
d) Ninguno es correcto.

**28. El tipo de memoria que se utiliza cuando el sistema está encendido y para tareas del SO y de los programas de manera que cuando se apaga el PC se borra, se denomina:**

a) ROM.
b) RAM.
c) SSD.
d) Disco Duro.

**29. El periférico que nos ayuda a interactuar con el Sistema Operativo evitando en algunos casos el uso del teclado se denomina:**

a) Monitor.
b) Pantalla.
c) Ratón.
d) Lector tarjetas.

**30. ¿Cuál de los siguientes Software es de programación?**

a) Controladores dispositivos.
b) Hoja de cálculo.
c) CAD.
d) Compilador.

**31. ¿Cuál de las siguientes opciones se considera una arquitectura de ordenador?**

a) Hardvard.
b) Windows.
c) Linux.
d) Motherboard.

**32. ¿Qué velocidad de transferencia de datos permite la conexión Thunderbolt 3?**

a) 10 GB/s.
b) 20 GB/s.
c) 30 GB/s.
d) 40 GB/s.

**33. ¿Qué frecuencia de ondas utiliza el Bluetooth?**

a) 5 GHz.
b) 2,4 GHz.
c) 10 GHz.
d) 2 MHz.

**34. Las impresoras que realizan la impresión por la proyección de tinta desde un cabezal se denominan:**

a) Matriciales.
b) Láser.
c) Inyección de tinta.
d) Sublimación.

**35. ¿Cuál de los siguientes conectores no es un interfaz de monitor para PC?**

a) USB.
b) HDMI.
c) VGA.
d) DVI.

# Solución al test n.º 1

**1.** a) CPU.

**2.** b) Tarjeta de red.

**3.** c) Intermedios.

**4.** a) Integridad.

**5.** d) 700 MB.

**6.** d) Todas son correctas.

**7.** b) Linux.

**8.** a) TeraByte.

**9.** a) Gusano.

**10.** c) Spam.

**11.** d) Memoria RAM.

**12.** b) Servidor.

**13.** a) RISC.

**14.** c) ROM.

**15.** a) Esté imantado.

**16.** c) Los caracteres de las teclas no coinciden con el que indican.

**17.** b) De Sistema.

**18.** b) Tipos de datos.

**19.** d) Firewall.

**20.** b) Amenaza.

**21.** c) Curioso.

**22.** b) Hacking.

**23.** b) Encriptado.

**24.** d) Todas las anteriores son correctas.

**25.** c) BackUp.

**26.** d) Bit.

**27.** a) MAC.

**28.** b) RAM.

**29.** c) Ratón.

**30.** d) Compilador.

**31.** a) Hardvard.

**32.** d) 40 GB/s.

**33.** b) 2,4 GHz.

**34.** c) Inyección de tinta.

**35.** a) USB.

# TEST N.º 2

**Introducción al sistema operativo: el entorno Windows 10. Fundamentos. Trabajo en el entorno gráfico de Windows 10: ventanas, iconos, menús contextuales, cuadros de diálogo. El escritorio y sus elementos. El menú de inicio**

**1. ¿Cuál de los siguientes no es un asistente personal de voz?**

a) Siri.
b) Google Now.
c) Google Up.
d) Cortana.

**2. Los archivos y carpetas borrados se guardan en la carpeta $Recycle.Bin, que está oculta como carpeta o archivo del sistema; ¿dónde está situada?**

a) Se ubica en la unidad principal del sistema operativo.
b) En la carpeta \System\Temp\Recicle.
c) Está presente en todas las unidades de disco.
d) En la carpeta \System\Recicle.

**3. En Windows 10 el botón restaurar permite:**

a) Maximizar, es decir, ampliar el tamaño de la ventana a toda la pantalla.
b) Ampliar el tamaño de la ventana al 50 %.
c) Colocar el tamaño inicial de cuando fue abierta.
d) Volver la pantalla a su estado anterior.

**4. En Windows 10, a la leyenda "Recientes, Frecuentes, Tareas o Más visitados" la denominamos:**

a) Hello List.
b) Continuum List.
c) Jump List.
d) One List.

**5. De los siguientes valores indica cuál no es una versión de Windows 10:**

a) Continuum.
a) Home.
b) Enterprise.
c) Education.

**6. Con respecto a la tienda de aplicaciones, podemos decir que:**

a) Es una novedad.
b) Fue una novedad del Windows 8, pero se ha "relanzado" en el Windows 10.
c) Ha desaparecido en Windows 10.
d) Fue una novedad del Windows Mobile, pero se ha "relanzado" en Windows 10.

**7. De las siguientes características, solo una pertenece al centro de actividades de Windows 10:**

a) Tiene notificaciones del sistema.
b) Muestra exclusivamente notificaciones de Windows Defender.
c) Se visualiza directamente en la barra de tareas.
d) No muestra avisos del Windows Update.

**8. El antivirus incorporado en Windows 10 se denomina Windows Defender pero anteriormente se denominaba:**

a) Microsoft Visio.
b) Microsoft Firewall.
c) Microsoft AntiSpyware.
d) Microsoft Security SO.

**9. ¿Cuál de las siguientes combinaciones abre la ventana "Ejecutar" en Windows 10?**

a) Tecla del logotipo de Windows + F.
b) Tecla del logotipo de Windows + E.
c) Tecla del logotipo de Windows + R.
d) Tecla del logotipo de Windows + L.

**10. En Windows 10, si queremos desplegar el panel de "inicio", ¿qué combinación de teclas usaremos?**

a) Ctrl + Mayús + A.
b) Ctrl + Barra Espaciadora.
c) Ctrl + Alt + A.
d) Ctrl + Esc.

**11. ¿Cuáles son las tres aplicaciones en Windows 10 para el manejo de los archivos multimedia?**

a) Fotos, Música y Películas.
b) Fotos, Música y Movies.
c) Cortana, Música y Movies.
d) Fotos, Cortana y Movies.

**12. Los iconos del escritorio se activan haciendo doble clic con el ratón o con el dedo en pantallas táctiles y pueden ser de tres tipos:**

a) Programas, Carpetas y Accesos directos.
b) Programas, Carpetas y Aplicaciones.
c) Programas, Aplicaciones y Accesos directos.
d) Programas, Aplicaciones y Navegadores.

**13. Si al usar la papelera de reciclaje nos encontramos con que no aparece en el escritorio de Windows 10, podremos activarla desde:**

a) Configuración > Personalización > Temas > Configuración de iconos de escritorio.
b) Personalización > Configuración > Temas > Configuración de iconos de escritorio.
c) Personalización > Configuración > Iconos > Configuración de iconos de escritorio.
d) Configuración > Personalización > Iconos > Configuración de iconos de escritorio.

**14. La combinación de teclas Windows + D:**

a) Maximiza la ventana activa.
b) Restaura la ventana activa.
c) Minimiza todas las ventanas abiertas, y despeja el escritorio cuando se pulsa, y las restablecerá a su posición original al volverla a pulsar.
d) Despliega la configuración del sistema.

**15. En la siguiente lista, ¿cuál de los siguientes elementos no concuerda con el resto?**

a) Edge.
b) Explorer.
c) Chrome.
d) Firewall.

**16. ¿Cuál de las siguientes no es una característica de Windows Defender?**

a) Analizar capacidades similares a otros productos libres en el mercado e incluir un número de agentes de seguridad en tiempo real que vigilan varias áreas comunes de Windows para los cambios que pueden ser causados por el software espía.
b) Posibilidad de analizar las unidades de disco del sistema para encontrar unidades desfragmentadas que ocasionen lentitud y posibles errores de comunicación entre dispositivos locales y remotos.

c) Incluye la capacidad de eliminar fácilmente aplicaciones ActiveX instaladas en Internet Explorer.

d) Apoyo a la red de SpyNet de Microsoft, permitiéndole a los usuarios informar a Microsoft de posibles ataques de software espía, y que los controladores de dispositivos y aplicaciones pueden instalarse en sus computadores.

**17. Microsoft Edge ha sustituido a Internet Explorer en Windows 10. Indica, de las siguientes características, cuál no es una de las que ha traído Edge:**

a) Guía de Lectura.
b) Anotaciones en páginas.
c) Navegación virtual y anónima.
d) Vista de Lectura.

**18. ¿Cuál de las siguientes aplicaciones de Windows 10 está relacionada con el almacenamiento?**

a) Cortana.
b) OneDrive.
c) Edge.
d) Google Drive.

**19. Las ventanas donde tenemos que tomar una decisión y escoger una de las opciones que presentan se llaman:**

a) Cuadros de Decisión.
b) Cuadros de Diálogo.
c) Cuadros de Pregunta.
d) Cuadros de Elección.

**20. Si hablamos de los accesos directos en Windows 10, podemos decir que estos se diferencian de un icono normal en que:**

a) Tienen un recuadro blanco con una flecha negra en la parte inferior izquierda.
b) Tienen un recuadro blanco con una flecha negra en la parte superior izquierda.
c) Tienen un recuadro blanco con una flecha negra en la parte inferior derecha.
d) Tienen un recuadro blanco con una flecha negra en la parte superior derecha.

**21. ¿Cuál de las siguientes opciones es FALSA con respecto al Administrador de Tareas de Windows 10?**

a) El administrador de tareas tiene dos formas de verse el compacto o el detallado.
b) En la pestaña Planificación podemos dar de alta las tareas diarias en un planificador de calendario.

c) En la pestaña Inicio podemos visualizar los programas que se ejecutan al arrancar Windows 10.

d) Una de las funciones principales del administrador de tareas es la de monitorizar el rendimiento de tu ordenador.

### 22. ¿Cuál no es la función de Windows Update en Windows 10?

a) Administrar la configuración de las actualizaciones de Windows 10.

b) Este módulo puede funcionar, si lo configuramos para que funcione de manera automática.

c) Mantener la fecha y la hora de Windows actualizadas.

d) Sirve para tener todos nuestros drivers actualizados.

### 23. ¿Cuál es la combinación de teclado que abre el administrador de tareas?

a) Ctrl + Mayús + Tab.
b) Ctrl + Alt + Tab.
c) Ctrl + Mayús + Esc.
d) Ctrl + Alt + Tab.

### 24. Para abrir propiedades del sistema a través de Ejecutar o Línea de comandos:

a) Pulsamos la tecla de Windows y la de R juntas, y escribimos el comando "systm.cpl" y Enter.

b) Pulsamos la tecla de Windows y la de E juntas, y escribimos el comando "sysdm.cpl" y Enter.

c) Pulsamos la tecla de Windows y la de R juntas, y escribimos el comando "sysdm.cpl" y Enter.

d) Pulsamos la tecla de Windows y la de E juntas, y escribimos el comando "systd.cpl" y Enter.

### 25. El TPM es:

a) Una unidad de cifrado.
b) Un módulo de cifrado.
c) Un componente de software.
d) Un componente de hardware.

# Solución al test n.º 2

**1.** c) Google Up.

**2.** c) Está presente en todas las unidades de disco.

**3.** d) Volver la pantalla a su estado anterior.

**4.** c) Jump List.

**5.** a) Continuum.

**6.** b) Fue una novedad del Windows 8, pero se ha "relanzado" en el Windows 10.

**7.** a) Tiene notificaciones del sistema.

**8.** c) Microsoft AntiSpyware.

**9.** c) Tecla del logotipo de Windows + R.

**10.** d) Ctrl + Esc.

**11.** a) Fotos, Música y Películas.

**12.** a) Programas, Carpetas y Accesos directos.

**13.** a) Configuración > Personalización > Temas > Configuración de iconos de escritorio.

**14.** c) Minimiza todas las ventanas abiertas, y despeja el escritorio cuando se pulsa, y las restablecerá a su posición original al volverla a pulsar.

**15.** d) Firewall.

**16.** b) Posibilidad de analizar las unidades de disco del sistema para encontrar unidades desfragmentadas que ocasionen lentitud y posibles errores de comunicación entre dispositivos locales y remotos.

**17.** c) Navegación virtual y anónima.

**18.** b) OneDrive.

**19.** b) Cuadros de Diálogo.

**20.** a) Tienen un recuadro blanco con una flecha negra en la parte inferior izquierda.

**21.** b) En la pestaña Planificación podemos dar de alta las tareas diarias en un planificador de calendario.

**22.** c) Mantener la fecha y la hora de Windows actualizadas.

**23.** c) Ctrl + Mayús + Esc.

**24.** c) Pulsamos la tecla de Windows +la de R juntas, y escribimos el comando "sysdm.cpl" y Enter.

**25.** d) Un componente de hardware.

# TEST N.º 3

**El explorador de Windows 10. Gestión de carpetas y archivos. Operaciones de búsqueda. Herramientas «Este equipo» y «Acceso rápido». Accesorios. Herramientas del sistema**

**1. Queremos que al seleccionar un archivo de tipo .docx se muestre la información del autor y el número de páginas. Para ello, en el explorador de archivos de Windows, en la pestaña Vista, seleccionamos un tipo de panel. ¿Cuál es el adecuado?**

a) Panel de detalles.
b) Panel de navegación.
c) Panel de vista previa.
d) Panel de información.

**2. ¿Cuál es la combinación de teclas que hace que se abra una nueva ventana en el explorador de archivos?**

a) Ctrl + N.
b) Ctrl + F.
c) Alt + N.
d) Alt + F.

**3. ¿Cuál es la acción que realiza en el explorador de archivos la combinación de teclas Alt + Flecha arriba?**

a) Ver la carpeta siguiente.
b) Ver la carpeta que contenía la carpeta seleccionada.
c) Ver la carpeta anterior.
d) Abrir el cuadro de diálogo Propiedades del elemento seleccionado.

**4. En la frase: "Es posible que hayamos empezado a cortar un archivo y cambiemos de opinión y no queramos moverlo. No pasa nada, pulsamos la tecla _____ para indicar que no vamos a continuar". ¿A qué tecla se refiere?**

a) Esc.
b) Tab.

c) Ctrl.

d) Alt + Shift.

**5. ¿A cuánto equivalen 762 Kb?**

a) 780.831 bits.

b) 780.831 Kbytes.

c) 780.831 Mbytes.

d) 780.831 bytes.

**6. ¿Cuál es la combinación de teclas que hace que se seleccione la barra de direcciones en el explorador de archivos?**

a) Ctrl + D.

b) Ctrl + F.

c) Alt + D.

d) Alt + E.

**7. Desde un punto de restauración, ¿a cuál de los siguientes elementos, instalados después de crear el punto de restauración, no afecta la restauración del sistema Windows?**

a) A las aplicaciones.

b) A los archivos personales.

c) A los controladores.

d) A las actualizaciones.

**8. ¿Cuál de los siguientes símbolos no pueden usarse en el nombre de un archivo de Windows?**

a) \ ?

b) @ ?

c) < $

d) < > &

**9. ¿Qué combinación de teclas me permite volver a las carpetas anteriores en el historial del Explorador de archivos de Windows?**

a) Alt + Flecha izquierda.

b) Ctrl + S.

c) Windows 🪟 + U.

d) Ctrl + Flecha izquierda.

**10. En la opción "Este Equipo" del explorador de Windows, además de las carpetas por defecto, encontraré información de:**

a) Conexiones de Red.

b) Unidades de disco.

c) Nuevos Elementos.
d) Carpetas favoritas.

## 11. En el Explorador de Windows 10:

a) Hay cinta de opciones, caja de direcciones y panel de navegación.
b) Hay cinta de opciones, caja de búsqueda y panel de direcciones.
c) Hay cinta de opciones, caja de navegación y panel de búsqueda.
d) Hay cinta de opciones, caja de búsqueda y panel de navegación.

## 12. Windows PowerShell:

a) Es la nueva ayuda en Windows 10.
b) Es el nuevo gestor de arranque del sistema.
c) Es una versión mejorada del intérprete de comandos DOS.
d) Es una forma de llamar al sistema operativo MSDos.

## 13. En Windows 10 queremos refrescar el contenido de la ventana activa. ¿Qué tecla o teclas de acceso rápido utilizaremos?

a) F5.
b) Ctr + X.
c) Alt + F4.
d) Ctrl + Alt + Tab.

## 14. ¿Cuál de los siguientes son todos modos de captura de la herramienta Recortes?

a) Forma libre, rectangular y circular.
b) Forma libre, ventana y línea.
c) Forma libre, circular y ventana.
d) Forma libre, rectangular y ventana.

## 15. Se puede retrasar la captura del recorte en la herramienta de Recortes. ¿Cuál es el intervalo de retraso que podemos usar?

a) De 1 a 3.
b) De 1 a 10.
c) De 1 a 5.
d) De 3 a 10.

## 16. ¿Cuál de los siguientes es un tipo de imagen que se puede abrir con Paint?

a) TIG.
b) JPEG.

c) TIF2.

d) ICA.

## 17. ¿Cuál de las siguientes no es un accesorio de Windows 10?

a) Notas Rápidas, grabadora de Sonidos y Word.

b) Notas Rápidas, Calculadora y WordPad.

c) Notas Rápidas, grabadora de Vídeos y Calculadora.

d) Notas Rápidas, grabadora de Sonidos y WordPad.

## 18. A nivel de fichas y secciones, podemos decir que la cinta de opciones del explorador de Windows 10 tiene:

a) Tres fichas y 4 secciones en la ficha Inicio.

b) Tres fichas y 5 secciones en la ficha Vista.

c) Tres fichas y 5 secciones en la ficha Inicio.

d) Dos fichas y 5 secciones en la ficha Inicio.

## 19. Para seleccionar varios elementos alternativos:

a) Mantenemos pulsada la tecla Shift y hacemos clic sobre los elementos.

b) Hacemos clic en el primero de los elementos y mantenemos pulsada la tecla Shift y hacemos clic sobre el último de los elementos.

c) Mantenemos pulsada la tecla Ctrl y hacemos clic sobre los elementos.

d) Hacemos clic en el primero de los elementos y mantenemos pulsada la tecla Ctrl y hacemos clic sobre el último de los elementos.

## 20. Para mover una carpeta lo que hacemos es:

a) Cortar y Mover.

b) Copiar y Pegar.

c) Mover y Pegar.

d) Cortar y Pegar.

## 21. En Windows 10 podemos crear una unidad de Red y para ello usamos la opción de "Conectar a unidad de red"; indica en qué pestaña está la opción:

a) Inicio.

b) Equipo.

c) Vista.

d) Compartir.

## 22. Podemos decir que la letra "A" en las unidades:

a) Está en desuso y solía ser para disqueteras.

b) Es para unidades extraíbles.

c) Depende de la existencia de unidad B.
d) Para grabadoras de DVD/CD.

**23. En Windows 10, ¿los nombres de archivo tienen un máximo permitido?**

a) No hay limitación de tamaño.
b) 255 letras.
c) 255 caracteres.
d) 255 bits.

**24. En Windows 10 queremos mostrar el cuadro de diálogo de las propiedades del elemento seleccionado. ¿Qué tecla o teclas de acceso rápido utilizaremos?**

a) Alt + Tab.
b) Ctrl + Enter.
c) Alt + Enter.
d) Ctrl + Alt + Tab.

**25. Si queremos abrir una ventana nueva del Explorador de Windows sin tener en cuenta que haya otras abiertas, ¿qué combinación de teclas se usa?**

a) Ctrl + L.
b) Mayus + E.
c) Windows ⊞+ L.
d) Windows ⊞ + E.

**26. En Windows 10 queremos ver alguna información sobre el computador, como el nombre del PC, la edición de Windows instalada, o la cantidad de RAM instalada. Dentro de la configuración sistema, ¿qué opción elegiremos?**

a) Aplicaciones y Características.
b) Almacenamiento.
d) Notificaciones y Acciones.
c) Acerca de…

**27. Los dispositivos que se conectan mediante las entradas que permiten los conectores USB, necesitan, antes de retirarlos del equipo, cerrar todos los procesos que tienen acceso a sus archivos. Para la extracción segura de dispositivos USB se usa la función de:**

a) Extracción segura.
b) Extracción USB.
c) Desconexión segura.
d) Desconexión USB.

**28. En Windows 10 tenemos una aplicación muy sencilla de configurar que tiene por gran virtud simplificar el trabajo con el escáner físico tradicional, ya que permite escanear y enviar imágenes de documentos a otro fax o a una dirección de correo electrónico. ¿Cuál es su nombre?**

a) Impresoras y escáneres.
b) Windows Fax.
c) Windows Scanner.
d) Fax y Escáner.

**29. ¿Por qué cantidad de bits está formado un byte?**

a) Por 16.
b) Por 8.
c) Por 2.
d) Por 32.

**30. ¿Qué unidad de medida sería la más correcta para referirnos a discos duros considerados "grandes"?**

a) Petabyte.
b) Terabyte.
c) Megabyte.
d) Kilobyte.

**31. ¿Cuál de las siguientes opciones indica una menor cantidad de bytes?**

a) 1 Kilobyte (KB).
b) 1 Terabyte (TB).
c) 1 Exabyte (EB).
d) 1 Petabyte (PB).

**32. ¿Cuál de las siguientes opciones no es una opción correcta que aparecen en la consulta avanzada de la Fecha de modificación?**

a) Esta semana.
b) Este mes.
c) Ayer.
d) Año actual.

**33. ¿Cuál de las siguientes afirmaciones referidas a un acceso directo de Windows es verdadera?**

a) Es posible crear accesos directos a ficheros, que se abren utilizando el programa asociado a su extensión, pero no es posible crear accesos directos a carpetas.

b) Es posible crear accesos directos a carpetas y ficheros. Si el enlace es a un fichero, se abrirá utilizando el programa asociado a su extensión.

c) Es posible crear accesos directos a carpetas en local y en OneDrive, pero no a ficheros de ningún tipo.

d) Es posible crear accesos directos a carpetas y ficheros pero, en el caso de los ficheros, no se ejecuta la aplicación asociada a su extensión, sino que se abren en el Explorador de archivos.

**34. Desde el Explorador de archivos de Windows 10 abrimos las propiedades de un elemento. ¿En qué pestaña visualizamos los permisos de usuario sobre el objeto?**

a) Detalles
b) General.
c) Seguridad.
d) Versiones anteriores.

**35. ¿Cuál de las siguientes opciones no es una opción correcta que aparecen en la consulta avanzada de Tamaño?**

a) Vacío.
b) Minúsculo.
c) Muy Grande.
d) Enorme.

# Solución al test n.º 3

**1.** a) Panel de detalles.

**2.** a) Ctrl + N.

**3.** b) Ver la carpeta que contenía la carpeta seleccionada.

**4.** a) Esc.

**5.** d) 780.831 bytes.

**6.** c) Alt + D.

**7.** b) A los archivos personales.

**8.** a) \ ?

**9.** a) Alt + Flecha izquierda.

**10.** b) Unidades de disco.

**11.** d) Hay cinta de opciones, caja de búsqueda y panel de navegación.

**12.** c) Es una versión mejorada del intérprete de comandos DOS.

**13.** a) F5.

**14.** d) Forma libre, rectangular y ventana.

**15.** c) De 1 a 5.

**16.** b) JPEG.

**17.** a) Notas Rápidas, grabadora de Sonidos y Word.

**18.** c) Tres fichas y 5 secciones en la ficha Inicio.

**19.** c) Mantenemos pulsada la tecla Ctrl y hacemos clic sobre los elementos.

**20.** d) Cortar y Pegar.

**21.** b) Equipo

**22.** a) Está en desuso y solía ser para disqueteras.

**23.** c) 255 caracteres.

**24.** c) Alt + Enter.

**25.** d) Windows  + E.

**26.** c) Acerca de…

**27.** c) Desconexión segura.

**28.** d) Fax y escáner.

**29.** b) Por 8.

**30.** b) Terabyte.

**31.** a) 1 Kilobyte (KB).

**32.** d) Año actual.

**33.** b) Es posible crear accesos directos a carpetas y ficheros. Si el enlace es a un fichero, se abrirá utilizando el programa asociado a su extensión.

**34.** c) Seguridad.

**35.** c) Muy Grande.

# TEST N.º 4

**Procesadores de texto: *Word 2021*. Principales funciones y utilidades. Creación y estructuración del documento. Gestión, grabación, recuperación e impresión de ficheros. Personalización del entorno de trabajo**

**1. ¿Desde qué pestaña de la cinta de opciones de Word podremos comparar dos versiones de un documento?**

a) Inicio.
b) Referencias.
c) Word no nos permite realizar esa acción.
d) Revisar.

**2. ¿Cuál de las siguientes relaciones entre opción y grupo no es correcta?**

a) Tachado y Fuente.
b) Interlineado y Párrafo.
c) Espaciado y (Párrafo+Fuente).
d) Hipervínculo (Referencias).

**3. La alineación es un comando de Word 2021 que afecta a:**

a) La selección de texto.
b) La dirección del texto.
c) El interlineado del texto.
d) Los párrafos.

**4. ¿En qué ficha y grupo está la opción para utilizar las tabulaciones?**

a) Insertar / Tabulaciones.
b) Inicio / Párrafo/ botón cuadro diálogo Párrafo.
c) Inicio / formato / Tabulaciones.
d) Inicio / Tabulaciones.

**5. En Word, ¿cuál es la diferencia entre pulsar INTRO y pulsar las teclas Mayúsculas + INTRO?**

a) Intro indica párrafo nuevo, y Mayúsculas + Intro indica salto de línea.
b) No hay diferencias para Word.
c) Intro indica párrafo nuevo, y Mayúsculas + Intro indica salto de sección.
d) Intro indica salto de línea nuevo, y Mayúsculas + Intro indica salto de sección.

**6. El botón Borrar Formato en Word:**

a) Borra todo el Formato de la selección.
b) Deja el texto sin formato y lo elimina.
c) Funciona haciendo doble clic.
d) Ese botón existe en Excel pero no en Word.

**7. Los sangrados en Word:**

a) Definen el límite izquierdo de los párrafos de un documento, pero no el derecho.
b) Definen el límite derecho de los párrafos de un documento, pero no el izquierdo.
c) Definen el límite izquierdo y el límite derecho de los párrafos de un documento.
d) Definen el límite izquierdo de los párrafos de un documento y el estado de la primera línea de cada uno.

**8. La carta modelo en un proceso de combinar correspondencia de Word:**

a) Tendrá la tabla de datos para combinar.
b) No tendrá los campos de combinación.
c) Incluirá el texto que no varía.
d) Tendrá tantas hojas como datos se combinen.

**9. El método más rápido para acceder a las opciones de la cinta de opciones de Word 2021 es hacer un clic con el ratón sobre ellas, si queremos acceder a las distintas opciones de los paneles y menús a partir del teclado, podemos pulsar la tecla:**

a) F1.
b) SHIFT.
c) CTRL.
d) ALT.

**10. La combinación de teclas para la alineación centrada es:**

a) CTRL + T.
b) CTRL + Q.
c) CTRL + J.
d) CTRL+ ALT + C.

**11. El interlineado se puede definir como:**

a) El espacio que hay entre los párrafos de un documento.
b) El espacio que hay entre los caracteres de un párrafo.
c) El espacio que hay entre los párrafos seleccionados.
d) El espacio que hay entre una y otra línea de un mismo párrafo.

**12. ¿En qué menú de Word 2021 se encuentra la opción Marcas de Agua?**

a) Insertar.
b) Diseño.
c) Disposición.
d) Inicio.

**13. ¿Qué combinación de teclas divide la ventana de un documento?**

Alt + Ctrol + R.
Alt + Ctrol + V.
Alt + Ctrol + I.
Alt + Ctrol + D.

**14. La sangría francesa:**

a) Controla el límite izquierdo de todas las líneas del párrafo menos la segunda.
b) Controla el límite izquierdo de todas las líneas del párrafo menos la última.
c) Controla el límite izquierdo de todas las líneas del párrafo menos la primera.
d) Controla el límite derecho de todas las líneas del párrafo menos la segunda.

**15. Para disminuir un nivel en una lista Multinivel de Word 2021 pulsamos:**

a) Mayúsculas + Control.
b) Mayúsculas + Ins.
c) Mayúsculas + L.
d) Ninguna es correcta.

**16. ¿Cuál es el valor máximo del porcentaje de Escala del espaciado de caracteres?**

a) 400.
b) 600.
c) 200.
d) 1000.

**17. ¿Cuál es la definición de tabulación de barra?**

a) Alinea el texto tabulado del lado derecho.
b) Alinea los números decimales.

c) Dibuja una línea vertical en el documento.

d) Te permite insertar un marcador de sangría en la regla horizontal para alinear la primera línea de los párrafos del texto.

### 18. ¿Qué combinación de teclas Inserta una nota al pie de página?

a) Ctrol + Alt + O.
b) Ctrol + Alt + D.
c) Ctrol + Alt + S.
d) Ctrol + Alt + R.

### 19. Un estilo de Word 2021 puede ser:

a) De párrafo, carácter, imagen y tabla.
b) De párrafo, carácter, imagen y lista.
c) De párrafo, carácter, lista y tabla.
d) Ninguna es correcta.

### 20. La biblioteca de viñetas es:
a) El conjunto de viñetas usadas en el documento actual.
b) El conjunto de viñetas disponibles para usar.
c) El conjunto de viñetas de tipo párrafo.
d) El conjunto de viñetas de tipo true type.

### 21. ¿Cuál de las siguientes no es una alineación válida de una tabla en Word 2021?

a) Ajustar a la izquierda.
b) Ajustar a la derecha.
c) Ajustar al centro.
d) Derecha.

### 22. ¿Cuál es la combinación de teclas en Word 2021 que sirve para moverse una celda a la izquierda de la actual?

a) Alt + TAB.
b) Flecha izquierda.
c) TAB.
d) Mayúsc + TAB.

### 23. ¿Cuál de las siguientes afirmaciones es correcta en Word 2021?

a) El botón *Combinar celdas* solo estará activo si hay más de una celda seleccionada en la tabla.

b) El botón *Combinar celdas* solo estará activo si hay una celda seleccionada en la tabla.

c) El botón *Combinar celdas* solo estará activo si hay menos de cinco celdas seleccionadas en la tabla.

d) El botón *Combinar celdas* solo estará activo si hay más de tres celdas seleccionada en la tabla.

**24. Si estando situados en la última celda de la segunda fila de una tabla de Word 2021 pulsamos la tecla TAB, ¿qué sucederá?**

a) Si no estamos en la última fila, se creará una nueva fila.
b) Se desplazará a la celda siguiente siempre que no estemos en la penúltima columna.
c) Si es la última fila creará una nueva fila.
d) Se desplazará a la celda anterior.

**25. ¿Cuál de los siguientes valores es un tipo correcto para usar en una columna de Word 2021?**

a) Párrafo.
b) Fecha/Hora.
c) Número.
d) Booleano.

**26. ¿Cuántas opciones de cambio de dirección de texto tenemos en Word 2021?**

a) 2.
b) 4.
c) 5.
d) 3.

**27. Si tenemos el siguiente texto "CARLOS,TOJEIRO,ALCALÁ,20,47 €,CALLE REAL 25,15002,A CORUÑA" y usamos la utilidad de convertir texto en tabla, con separador de ",", ¿cuántas columnas y filas nos ofrecerá por defecto?**

a) 8 columnas y 1 fila.
b) 1 columna y 8 filas.
c) 7 columnas y 1 fila.
d) 1 columna y 7 filas.

**28. La extensión de la plantilla por defecto en Word 2021 es:**

a) dotx
b) dotm
c) docx
d) dot

**29. La combinación de teclas que crea un salto de línea manual es:**

a) Control + Enter.
b) Mayúsculas + Enter.
c) Alt + Enter.
d) Control + Alt + Enter.

**30. ¿Cuál de las siguientes es un ajuste válido del texto con respecto a una tabla en Word 2021?**

a) Alrededor.
b) Estrecho.
c) En línea con el texto.
d) Cuadrado.

**31. ¿Cuántos tipos de tabulaciones, y de rellenos en ellas, hay en Word 2021?**

a) 4 y 4.
b) 4 y 3.
c) 5 y 4.
d) 5 y 3.

**32. ¿Cuáles de las siguientes opciones son los saltos de sección correctos en Word 2021?**

a) Página Continua, De página, Página par, Página impar.
b) Página Siguiente, Columna, Página par, Página impar.
c) Página Siguiente, Continua, Página par, Página impar.
d) Página Siguiente, Continua, Columna, Ajuste de texto.

**33. Indica cuál no es una opción válida de los tipos de efecto de texto en Word 2021?**

a) Reflejo.
b) Iluminado.
c) Bordes suaves.
d) Sombreado.

**34. En Word 2021 hay varios tipos de SmartArt; ¿cuál de las siguientes opciones NO es una de ellos?**

a) Ciclo.
b) Jerárquico.
c) Matriz.
d) Pirámide.

**35. Cuando insertamos una tabla en Word 2021, ¿cuál de las siguientes opciones no es un valor del autoajuste correcto?**

a) Ancho de columna fijo.
b) Autoajustar al contenido.
c) Ancho de columna automático.
d) Autoajustar a la ventana.

# Solución al test n.º 4

**1.** a) Revisar.

**2.** d) Hipervínculo (Referencias).

**3.** d) Los párrafos.

**4.** b) Inicio / Párrafo/ botón cuadro diálogo Párrafo.

**5.** a) Intro indica párrafo nuevo, y Mayúsculas + Intro indica salto de línea.

**6.** a) Borra todo el Formato de la selección.

**7.** c) Definen el límite izquierdo y el límite derecho de los párrafos de un documento.

**8.** c) Incluirá el texto que no varía.

**9.** d) ALT.

**10.** a) CTRL + T.

**11.** d) El espacio que hay entre una y otra línea de un mismo párrafo.

**12.** b) Diseño.

**13.** b) Alt + Ctrol + V.

**14.** c) Controla el límite izquierdo de todas las líneas del párrafo menos la primera.

**15.** d) Ninguna es correcta.

**16.** b) 600.

**17.** c) Dibuja una línea vertical en el documento.

**18.** a) Ctrol + Alt + O.

**19.** c) De párrafo, carácter, lista y tabla.

**20.** b) El conjunto de viñetas disponibles para usar.

**21.** b) Ajustar a la derecha.

**22.** d) Mayúsc + TAB.

**23.** a) El botón *Combinar celdas* solo estará activo si hay más de una celda seleccionada en la tabla.

**24.** c) Si es la última fila creará una nueva fila.

**25.** c) Número.

**26.** d) 3.

**27.** a) 8 columnas y 1 fila.

**28.** b) dotm

**29.** b) Mayúsculas + Enter.

**30.** a) Alrededor.

**31.** d) 5 y 3.

**32.** c) Página Siguiente, Continua, Página par, Página impar.

**33.** d) Sombreado.

**34.** b) Jerárquico.

**35.** c) Ancho de columna automático.

# TEST N.º 5

**Hojas de cálculo: Excel 2021. Principales funciones y utilidades. Libros, hojas y celdas. Configuración. Introducción y edición de datos. Fórmulas y funciones. Gráficos. Gestión de datos. Personalización del entorno de trabajo**

**1. Si queremos eliminar un comentario que tiene una celda de Excel 2021, ¿a qué ficha tenemos que acceder?**

a) Revisar.
b) Comentarios.
c) Datos.
d) Programador.

**2. Las constantes de Excel 2021 pueden ser valores:**

a) Numéricos y de tipo texto.
b) Horas y Fechas.
c) Numéricos, de texto, horas y fechas.
d) Numéricos, de texto, horas y fechas y booleanos.

**3. Si en una celda aparecen símbolos de sostenido (#####):**

a) Está en notación científica negativa.
b) Es un valor de texto incorrecto.
c) El valor no cabe en la altura de la celda.
d) El valor no cabe en la anchura de la celda.

**4. De manera predeterminada, Excel 2021:**

a) Muestra 1 hoja de cálculo.
b) Muestra 5 hojas de cálculo.
c) Muestra 10 hojas de cálculo.
d) Es un valor configurable.

**5. La opción de ocultar Hoja de Excel 2021 podemos encontrarla en:**

a) El botón de lista *Insertar*.
b) El botón de lista *Hoja*.
c) El botón de lista *Formato*.
d) El botón de lista *Eliminar*.

**6. La etiqueta de la hoja de cálculo se colorea totalmente:**

a) Cuando estás en una hoja distinta.
b) Cuando estás en la propia hoja.
c) Siempre está coloreada.
d) Si la hoja no está totalmente vacía.

**7. En la ficha Página, en el grupo *Configurar Página*, podemos:**

a) Definir los márgenes de la hoja.
b) Definir los saltos de página.
c) Definir la orientación.
d) Definir los márgenes, los saltos de página pero no el centrado de las páginas.

**8. La escala de ajuste de la hoja de cálculo tiene un valor máximo de:**

a) 100 %.
b) 400 %.
c) 250 %.
d) 150 %.

**9. Un encabezado en Excel 2021 es la parte de la Hoja que está:**

a) Entre el borde inferior y el margen superior.
b) Entre el borde inferior y el margen inferior.
c) Entre el borde superior y el margen superior.
d) Entre el borde superior y el margen superior.

**10. El código #N/A es:**

a) Error de acceso a la celda.
b) Fórmula matricial.
c) Error de celda.
d) División por 0.

**11. Las funciones de Excel 2021 son:**

a) Fórmulas predefinidas.
b) Cálculos predefinidos.
c) Argumentos predefinidos.
d) Macros.

## 12. La función =SUMA(A1 ; A8 ; A10)

a) Suma todas las celdas desde la A1 a la A8 y además la A10.
b) Suma todas las celdas desde la A1 a la A10 menos la A8.
c) Suma todas las celdas desde la A1 a la A8 y el resultado lo coloca en la A10.
d) Suma las celdas A1, A8 y la A10.

## 13. La función =SUMA(A1 ; 3 ; A8)

a) Suma 3 veces la celda A1 y la A8.
b) Suma la celda A1 y 3 veces la celda A8.
c) No es una fórmula correcta.
d) Suma la celda A1, una constante de 3 y la celda A8.

## 14. La función RESIDUO:

a) Calcula el interés residual de un préstamo.
b) Devuelve el resto de una división.
c) Calcula la parte entera de una división.
d) No es una función correcta; sería RESTO.

## 15. La función" =REDONDEAR (B3 ; -2)", teniendo en B3 el valor "14,14":

a) Dará un error como resultado.
b) Redondea el valor B3 al valor más cercano a "-2".
c) Redondea el valor B3 y le resta "2".
d) Devuelve como resultado 0.

## 16. Un gráfico en Excel 2021 puede llegar a tener:

a) Eje X.
b) Eje X, Eje Y.
c) Eje X, Eje Y, Eje Z.
d) Eje X y Eje Z.

## 17. Si tenemos los siguientes valores en las celdas

A1 =10
A2=5
A3=2

## ¿Qué resultado dará la siguiente fórmula =Y(promedio(A1;A2)<A3;A1<A2) ?

a) VERDADERO
b) FALSO.

c) 10.

d) 2,5

**18. Si en los rótulos de la lista aparecen botones de lista desplegable es porque:**

a) Se ha realizado una ordenación personalizada.

b) Se ha realizado un Filtrado.

c) Se ha realizado un Subtotal.

d) Se ha realizado un Filtro Avanzado.

**19. Los datos de una lista de una hoja de cálculo se ordenan:**

a) Alfabéticamente.

b) Personalizadamente.

c) Puede ser Alfabéticamente o Personalizadamente.

d) Por la fila de las celdas afectadas.

**20. El área de trazado de un gráfico:**

a) Es el área total ocupada por el gráfico.

b) Es el área que ocupa la representación de las series de datos.

c) Es el área que ocupan el título y la leyenda del gráfico.

d) Es el área que ocupa la leyenda y los rótulos de datos.

**21. En un ejercicio de consolidación de diferentes hojas en varios libros, ¿cuál de los siguientes comentarios es verdadero?**

a) El tamaño de los rangos usados tiene que ser el mismo.

b) No pueden usarse rangos de diferentes libros.

c) Ambas son verdaderas.

d) Ambas son falsas.

**22. En el asistente para convertir texto en columnas, ¿cuál no es un separador válido?**

a) Tabulación.

b) Coma.

c) Punto.

d) Punto y coma.

**23. En notación científica de Excel 2021 el valor "1E3" significa:**

a) 1 por 10 elevado a 3.

b) 1 por 10 logaritmo de 3.

c) 1 por 10 logaritmo neperiano de 3.
d) Ninguna es correcta.

**24. La combinación en Excel 2021 para insertar una hoja de cálculo nueva es:**

a) MAYUS + N
b) MAYUS + H
c) MAYUS + W
d) Ninguna es correcta.

**25. Los argumentos de una función de Excel 2021 se separan por:**

a) Punto.
b) Coma.
c) Punto y Coma.
d) Signo +.

**26. Los argumentos de una función en Excel 2021 pueden ser:**

a) Solamente números, texto y rangos.
b) Entre otras cosas valores lógicos.
c) Entre otras cosas paréntesis.
d) Ninguna es correcta.

**27. La función "=ABS(4*-2)" en Excel 2021 dará como resultado:**

a) Error #N/A
b) 8
c) Error #!VAL¡
d) -8

**28. Si la función REDONDEAR de Excel 2021 tiene como argumento de decimales "0":**

a) Redondea al número entero más próximo.
b) Redondea al número entero de nivel inferior.
c) Redondea al número entero de nivel superior.
d) Ninguna es correcta.

**29. ¿Cuál no es un elemento de un gráfico en Excel 2021?**

a) Leyenda.
b) Eje de coordenadas.
c) Eje de valores.
d) Serie de datos.

**30. En una tabla dinámica de Excel 2021 no hay:**

a) Etiquetas de fila.
b) Etiquetas de columna.
c) Filtro de valores.
d) Filtro de informe.

**31. En un formato de una celda de Excel 2021, ¿qué significa un símbolo "#"?**

a) Que ese espacio será ocupado por un número.
b) Una posición decimal.
c) Una posición entera.
d) Que ese espacio será ocupado por un carácter.

**32. Si en la celda A2, tenemos el siguiente valor sin las comillas, "Carlos Tojeiro", y usamos en la celda A3 la siguiente fórmula, "=DERECHA(A2)" el resultado será:**

a) C
b) Dará error.
c) ojeiro.
d) o.

**33. ¿Cuál de las siguientes opciones no es configurable en el criterio de validación, si estamos configurando una validación de datos de una celda de Excel 2021?**

a) Permitir.
b) Destino.
c) Omitir blancos.
d) Origen.

**34. Si tenemos los siguientes valores en las celdas**
**A1 =10**
**A2=5**
**A3=2**

**¿Qué resultado dará la siguiente fórmula**
**=O(promedio(A1;A2)<A3;A1<A2) ?**

a) VERDADERO.
b) FALSO.
c) 10.
d) 2,5

**35. Si seguimos con los valores en las celdas de la pregunta anterior ¿Qué resultado dará la siguiente fórmula =Y(A1>2;O(A2=(A1/A3);A1<>A1)) ?**

a) VERDADERO.
b) FALSO.
c) 10.
d) 2,5.

# Solución al test n.º 5

**1.** a) Revisar.

**2.** c) Numéricos, de texto, horas y fechas.

**3.** d) El valor no cabe en la anchura de la celda.

**4.** d) Es un valor configurable.

**5.** c) El botón de lista *Formato*.

**6.** a) Cuando estás en una hoja distinta.

**7.** c) Definir la orientación.

**8.** b) 400 %.

**9.** c) Entre el borde superior y el margen superior.

**10.** c) Error de celda.

**11.** a) Fórmulas predefinidas.

**12.** d) Suma las celdas A1, A8 y la A10.

**13.** d) Suma la celda A1, una constante de 3 y la celda A8.

**14.** b) Devuelve el resto de una división.

**15.** d) Devuelve como resultado 0.

**16.** c) Eje X, Eje Y, Eje Z.

**17.** b) FALSO.

**18.** b) Se ha realizado un Filtrado.

**19.** c) Puede ser Alfabéticamente o Personalizadamente.

**20.** b) Es el área que ocupa la representación de las series de datos.

**21.** d) Ambas son falsas.

**22.** c) Punto.

**23.** a) 1 por 10 elevado a 3.

**24.** d) Ninguna es correcta.

**25.** c) Punto y Coma.

**26.** b) Entre otras cosas valores lógicos.

**27.** b) 8.

**28.** a) Redondea al número entero más próximo.

**29.** b) Eje de coordenadas.

**30.** c) Filtro de valores.

**31.** a) Que ese espacio será ocupado por un número

**32.** d) o.

**33.** b) Destino.

**34.** b) FALSO.

**35.** a) VERDADERO.

**Bases de datos: Access 2021. Principales funciones y utilidades. Tablas. Consultas. Formularios. Informes. Relaciones. Importación, vinculación y exportación de datos**

**1. En un informe de Access, ¿cuál de las siguientes opciones podemos realizar?**

a) Modificar y actualizar datos de las tablas.
b) Insertar y eliminar datos de las tablas.
c) Presentar, organizar y actualizar los datos de las tablas.
d) Presentar y organizar los datos de las tablas.

**2. ¿Cuál no es un tipo de dato en el Access 2021?**

a) Calculado.
b) Hipervínculo.
c) Número Grande.
d) Autonumérico.

**3. En un informe tabular se muestran los campos:**

a) En una fila horizontal con etiquetas de campo en la parte superior del informe.
b) En una fila horizontal con etiquetas de campo en la parte inferior del informe.
c) En una fila horizontal con etiquetas de campo en la parte central del informe.
d) En una columna vertical con etiquetas de campo en la parte central del informe.

**4. Cuando estamos viendo el contenido de un valor de campo de una tabla y no podemos ver todo el contenido a la vez, ¿qué comando de los siguientes nos abre el cuadro de Zoom para verlo cómodamente?**

a) Mayús + F10.
b) Mayús + F6.
c) Mayús + F2.
d) Mayús + F12.

### 5. Un formulario en Columnas muestra:

a) Cada registro se muestra en una página distinta, con los datos distribuidos en columnas.

b) Cada registro se muestra en una página distinta, con los datos distribuidos en Hojas de datos.

c) Cada registro se muestra en una página distinta, con los datos tabulados.

d) Los datos en forma de tabla, cada registro en una fila, unos debajo de otros.

### 6. La fila "O" de las consultas se denomina:

a) Fila de criterios.

b) Fila de condiciones.

c) Fila de criterios o Fila de condiciones.

d) Fila de excepciones.

### 7. Para movernos por los diferentes paneles de las ventanas de una base de datos de Microsoft Access, ¿qué combinación de teclas usaremos?

a) Mayús + F10.

b) Mayús + F6.

c) Mayús + F2.

d) Mayús + F12.

### 8. ¿Cuál de las siguientes opciones no es una de las características de las consultas de acción?

a) Crear una tabla.

b) Crear subtotales con los datos.

c) Eliminar datos.

d) Actualizar datos.

### 9. Al modificar relaciones Uno a Varios podemos:

a) Actualizar y eliminar en cascada campos relacionados.

b) Solo actualizar en cascada campos relacionados.

c) Solo eliminar en cascada campos relacionados.

d) Actualizar y eliminar en cascada datos de campos.

### 10. La integridad referencial es:

a) Un conjunto de relaciones.

b) Un conjunto de valores no nulos.

c) Un conjunto de campos relacionados.

d) Un conjunto de reglas.

**11. Para desplegar el menú contextual en los objetos de una base de datos de Microsoft Access, ¿qué combinación de teclas usaremos?**

a) Mayús + F10.
b) Mayús + F6.
c) Mayús + F2.
d) Mayús + F12.

**12. En el tipo de relación "Uno a Varios":**

a) Cada registro de la tabla principal tiene más de un registro enlazado en la tabla relacionada.
b) Cada registro de la tabla principal puede tener más de un registro enlazado en la tabla relacionada.
c) Cada registro de la tabla relacionada tiene más de un registro enlazado en la tabla principal.
d) Cada registro de la tabla principal puede tener más de un registro enlazado en la tabla principal.

**13. ¿Puede tener una tabla dos campos con el mismo nombre en Access 2021?**

a) Solo si son de tipos de datos diferentes.
b) Solo si uno de ellos es clave primaria.
c) Solo si uno de ellos es clave secundaria de otra tabla de referencia.
d) No se puede en ningún caso.

**14. Los nombres de los campos de Access tienen una longitud máxima de:**

a) 128 caracteres.
b) 64 caracteres.
c) 256 caracteres.
d) 32 caracteres.

**15. ¿Cuál de los siguientes pares no es un valor posible para los campos de tipo Sí / No?**

a) Verdadero / Falso.
b) Activado / Desactivado.
c) Sí / No.
d) True / False.

**16. En Access, ¿cuál de los siguientes nombres de campo es válido?**

a) direccion[web]
b) precio.$

c) 1_id_moneda€
d) oferta!

**17. En un campo de tipo "Fecha/Hora", ¿cuál de los siguientes no existe en Access 2021?**

a) Fecha General.
b) Hora Larga.
c) Fecha Mediana.
d) Hora Completa.

**18. En Access tenemos dos tablas: "Datos Albarán" y "Líneas Albarán". En Datos Albarán está la información relativa a cada albarán y en Líneas Albarán cada línea de los elementos del albarán. Siempre que se hace un pedido se emite un albarán aunque un albarán puede incluir también varios elementos. ¿Cuál de las siguientes relaciones es la que mantiene Datos albarán con Líneas albarán?**

a) Varios a Varios.
b) Varios a Uno.
c) Uno a Varios.
d) Uno a Uno.

**19. En Access, creamos una consulta para eliminar de la tabla de Productos aquellos registros cuyo valor en el campo activo sea igual a NO. ¿Cuál de los siguientes tipos de consulta deberemos utilizar?**

a) Consulta de creación de tabla.
b) Consulta de selección.
c) Consulta de actualización.
d) Consulta de eliminación.

**20. Para guardar un objeto de base de datos de Microsoft Access, ¿qué combinación de teclas usaremos?**

a) Mayús + F10.
b) Mayús + F6.
c) Mayús + F2.
d) Mayús + F12.

**21. La combinación "CTRL+MAYÚS+@" en Access 2021 sirve:**

a) Para aplicar el formato de moneda, con dos posiciones decimales y números negativos entre paréntesis, a los valores del total o campo de detalle seleccionado.

b) Para aplicar el formato de hora, con la hora, minuto y a.m. o p.m., a los valores del total o campo de detalle seleccionado.

c) Para aplicar el formato de fecha, con el día, mes y año, a los valores del total o campo de detalle seleccionado.

d) Para aplicar el formato numérico general a los valores del total seleccionado o campo de detalle.

### 22. La combinación "CTRL+MAYÚS+#" en Access 2021 sirve:

a) Para aplicar el formato de moneda, con dos posiciones decimales y números negativos entre paréntesis, a los valores del total o campo de detalle seleccionado.

b) Para aplicar el formato de hora, con la hora, minuto y a.m. o p.m., a los valores del total o campo de detalle seleccionado.

c) Para aplicar el formato de fecha, con el día, mes y año, a los valores del total o campo de detalle seleccionado.

d) Para aplicar el formato numérico general a los valores del total seleccionado o campo de detalle.

### 23. ¿Se puede usar un campo Número para almacenar un código postal en una tabla de Access 2021?

a) No es algo aconsejable pero sí se puede.
b) No se puede.
c) Se puede si es un campo vinculado con otra tabla.
d) Ninguna es correcta.

### 24. Un campo que contenga los apellidos de un cliente ¿puede ser clave principal de una tabla en Access 2021?

a) Depende de los valores de los apellidos.
b) Depende de los tipos de cliente.
c) Sí.
d) Sí, pero solo si existe integridad referencial.

### 25. Las siglas del lenguaje SQL de Access 2021 significan:

a) *Standard Query Language.*
b) *Structured Query Language.*
c) *Symbol Query Language.*
d) Ninguna es correcta.

### 26. ¿Cuál es una opción válida para importar datos desde Excel a Access 2021?

a) Importar el origen de datos a una nueva tabla.
b) Agregar el origen de datos a una tabla existente.
c) Vincular el origen de datos en una nueva tabla vinculada.
d) Todas son correctas.

**27. ¿Qué es una clave foránea en Access?**

a) Es un tipo de referencia entre campos de diferentes tablas.
b) Es un tipo de referencia a otra base de datos Access.
c) Es un campo o conjunto de campos que proporciona un identificador exclusivo a una fila de una tabla.
d) Es un campo a cumplimentar necesariamente para poder abrir la base de datos.

**28. En Access, señala cuál es una máscara de entrada obligada para el nombre "Pedro":**

a) 00000
b) ?????
c) LLLLL
d) #####

**29. Señala qué elemento debe rodear a una fecha cuando se introduce en el generador de expresiones de Access:**

a) #
b) *
c) Comilla simple.
d) Comilla doble.

**30. La extensión de las BBDD creadas con Access 2021 es:**

a) Mdb.
b) Acdb.
c) Accdb.
d) Mdba.

# Solución al test n.º 6

**1.** d) Presentar y organizar los datos de las tablas.

**2.** d) Autonumérico.

**3.** a) En una fila horizontal con etiquetas de campo en la parte superior del informe.

**4.** c) Mayús + F2.

**5.** a) Cada registro se muestra en una página distinta, con los datos distribuidos en columnas.

**6.** c) Fila de criterios o Fila de condiciones.

**7.** b) Mayús + F6.

**8.** b) Crear subtotales con los datos.

**9.** a) Actualizar y eliminar en cascada campos relacionados.

**10.** d) Un conjunto de reglas.

**11.** a) Mayús + F10.

**12.** b) Cada registro de la tabla principal puede tener más de un registro enlazado en la tabla relacionada.

**13.** d) No se puede en ningún caso.

**14.** b) 64 caracteres.

**15.** c) Sí / No.

**16.** c) 1_id_moneda€

**17.** d) Hora Completa.

**18.** c) Uno a Varios.

**19.** d) Consulta de eliminación.

**20.** d) Mayús + F12.

**21.** b) Para aplicar el formato de hora, con la hora, minuto y a.m. o p.m., a los valores del total o campo de detalle seleccionado.

**22.** c) Para aplicar el formato de fecha, con el día, mes y año, a los valores del total o campo de detalle seleccionado.

**23.** a) No es algo aconsejable pero sí se puede.

**24.** c) Sí.

**25.** b) *Structured Query Language*.

**26.** d) Todas son correctas.

**27.** a) Es un tipo de referencia entre campos de diferentes tablas.

**28.** c) LLLLL

**29.** a) #

**30.** c) Accdb.

# TEST N.º 7

**Correo electrónico: Outlook 2021. Conceptos elementales y funcionamiento. El entorno de trabajo. Enviar, recibir, responder y reenviar mensajes. Creación de mensajes. Reglas de mensaje. Libreta de direcciones**

**1. Di cuál es una dirección de correo válida:**

a) persona@proveedorcom
b) www.proveedor.com
c) persona.proveedor.com
d) cta@cts.es.

**2. La parte de la izquierda de una dirección de correo electrónico se denomina:**

a) Dominio.
b) Organización.
c) Dominio de organización.
d) Nombre de Usuario.

**3. ¿Cuál de las siguientes combinaciones de teclas es la que está asociada a "Responder a todos"?**

a) Ctrol + R
b) Ctrol + Mayus+ R
c) Ctrol + F
d) Ctrol + U

**4. Los clientes de correo POP:**

a) Tienen que estar conectados todo el tiempo.
b) Los mensajes se descargan de golpe si están disponibles.
c) Los mensajes se descargan parcialmente aun sin estar disponibles.
d) Tienen que estar conectados a intervalos de 15'.

### 5. ¿Qué es un Hoax?

a) Un Bulo o Noticia falsa.
b) Suplantación de identidad.
c) Un virus.
d) Un error de configuración en el navegador.

### 6. El protocolo SMTP:

a) Permite recibir mensajes.
b) Permite enviar mensajes.
c) Permite enviar y recibir mensajes.
d) No es un protocolo.

### 7. Cuando un usuario envía un correo:

a) El mensaje se dirige primero hasta el buzón de correo de su proveedor de internet.
b) El mensaje se dirige primero hasta el buzón de correo del proveedor de internet del destinatario.
c) El mensaje se dirige primero hasta el buzón de correo del proveedor de internet del destinatario si es de tipo POP.
d) El mensaje se dirige primero hasta el buzón de correo del proveedor de internet del destinatario si es de tipo SMTP.

### 8. En Microsoft Outlook se pueden configurar:

a) Correos gratuitos.
b) Correos de proveedor de pago.
c) Tanto correos gratuitos como de proveedores de pago.
d) Correos de proveedor de pago, pero con licencia empresarial.

### 9. ¿Cuál de las siguientes expresiones no es correcta?

a) Los destinatarios incluidos en un campo CCO pueden recibir el correo y ver el resto de los destinatarios incluidos en los campos Para y CC, así como responderles.
b) Los destinatarios incluidos en un campo CCO no pueden ver a otros posibles destinatarios del campo CCO.
c) Ningún destinatario, independientemente del campo donde se encuentre, tendrá constancia de alguna dirección de correo electrónico incluida en CCO.
d) Solo los destinatarios del campo PARA podrán saber qué personas han recibido el mensaje en copia oculta.

### 10. La carpeta de correo no deseado o Spam contiene:

a) Correos recibidos con origen desconocido.
b) Correos enviados con destino sospechoso.

c) Correos recibidos o enviados con origen desconocido.

d) Correos enviados con destino sospechoso de los últimos 30 días.

**11. Al pulsar la opción de imprimir de la ficha archivo, en Outlook, podemos elegir en la configuración entre "tabla" o "memorando"; ¿qué diferencia existe entre ambas opciones?**

a) *Tabla* imprime la lista de correos y *Memorando* el correo seleccionado.

b) *Tabla* imprime el correo seleccionado y *Memorando* la lista de correos.

c) *Tabla* imprime el correo seleccionado y *Memorando* permite modificar la configuración de la impresión.

d) *Tabla* imprime el correo seleccionado en formato tabular y *Memorando* solo el asunto.

**12. La opción "Responder a todos":**

a) Responde al remitente y a los usuarios de la lista de contactos seleccionados previamente.

b) Responde al remitente y al resto de usuarios que estén en el mensaje.

c) Responde al remitente y solo a los usuarios del mensaje que estén en el CC.

d) Responde al remitente y solo a los usuarios del mensaje que estén en el "Para".

**13. Los destinatarios del campo CC:**

a) No son visibles para los del campo CCO.

b) Solo son visibles para los del campo PARA.

c) Solo son visibles para los del campo CC.

d) Son visibles para todos los destinatarios.

**14. Las prioridades del mensaje pueden tener prioridad:**

a) Alta y Media.

b) Alta, Media y Baja.

c) Alta y Baja.

d) Alta, Media y Normal.

**15. La parte del entorno que permite ver una vista previa del correo seleccionado se llama:**

a) Panel de lectura.

b) Visor de lectura.

c) Vista de lectura.

d) Panel de Vista.

### 16. Al reenviar un mensaje en el asunto aparecerá:

a) RE:
b) RW:
c) RS:
d) RV.

### 17. Las reglas de Outlook:

a) No pueden ejecutarse manualmente.
b) No pueden ejecutarse automáticamente.
c) Pueden ejecutarse manual o automáticamente.
d) No pueden ejecutarse manualmente, pero sí automáticamente.

### 18. Las reglas pueden aplicarse:

a) Solo para mensajes que se reciban.
b) Solo para mensajes que se envían.
c) Para mensajes que se envían o reciben.
d) Solo para mensajes que se envían de un determinado remitente.

### 19. La extensión de los archivos de archivado de mensajes es:

a) PST.
b) PTS.
c) PAT.
d) ICS.

### 20. El icono de seguimiento se corresponde en Outlook con:

Una flecha azul.
Una admiración roja.
Una bandera roja.
Una bandera azul.

### 21. La pestaña de ENVIAR y RECIBIR solo aparece visible:

a) Cuando estamos redactando un correo nuevo.
b) Cuando estamos dentro de la opción de correo.
c) Cuando tenemos marcado un correo de la bandeja de salida.
d) Ninguna es correcta.

### 22. Los mensajes no leídos:

a) Aparecen en fondo azul.
b) Tienen una banderita de color rojo.

c) Aparece un sobre abierto en azul.
d) Ninguna es correcta.

**23. Al usar la opción de RESPONDER a TODOS:**

a) No podemos usar el CCO.
b) Solo podemos usar el PARA y el CCO.
c) Podemos usar PARA, CC y CCO.
d) Ninguna es correcta.

**24. La longitud máxima de una dirección de correo electrónica es de:**

a) 400.
b) 250.
c) 254.
d) 350.

**25. La longitud mínima de un correo electrónico es de:**

a) 6.
b) 4.
c) 3.
d) 10.

**26. ¿Cuál de las siguientes combinaciones de teclas es la que está asociada a "Responder"?**

a) Ctrol + R
b) Ctrol + Mayus+ R
c) Ctrol + F
d) Ctrol + U

**27. En Outlook 2021, ¿cuál es la nomenclatura correcta para el objeto usado para enviar un correo a varias personas?**

a) Lista de usuarios.
b) Grupo de usuarios.
c) Grupo de contactos.
d) Lista de distribución.

**28. ¿Cuál de las siguientes combinaciones de teclas es la que está asociada a "Re-enviar"?**

a) Ctrol + R
b) Ctrol + Mayus+ R

c) Ctrol + F
d) Ctrol + U

**29. Sobre el correo electrónico indica cuál de las siguientes afirmaciones es falsa:**

a) En el envío y recepción de un correo electrónico no es necesario que el emisor y receptor se encuentren conectados simultáneamente.

b) Entre otros, algunos de los protocolos que intervienen en la emisión y recepción son MIME, SMTP y POP3

c) El uso de un cliente de correo tipo webmail requiere tener instalado el protocolo POP3 en el equipo local donde se utilice ese cliente web mail.

d) Existen herramientas que inspeccionan los correos electrónicos recibidos e intentan determinar si se trata de un correo basura o spam.

**30. En Outlook 2021 de forma predeterminada en la característica de correo, ¿en qué pestaña y grupo de comandos se encuentra el comando nuevo mensaje de correo electrónico?**

a) Pestaña enviar y recibir y grupo enviar.
b) Pestaña inicio y grupo enviar y recibir.
c) Pestaña enviar y recibir y grupo nuevo.
d) Pestaña inicio y grupo nuevo.

**31. En Outlook 2021, sobre el envío respuesta y reenvío, ¿cuál de las siguientes afirmaciones es falsa?**

a) Al responder a un mensaje se agrega el prefijo RE: a la línea del asunto.

b) Al responder a un mensaje, los datos adjuntos al mensaje original se incluyen en la respuesta.

c) Al reenviar un mensaje se agrega el prefijo RV: a la línea de asunto.

d) Varios mensajes de correo electrónico se pueden reenviar como una colección en un solo mensaje.

**32. En Outlook 2021, de forma predeterminada en la característica de correo ¿en qué pestaña y grupo de comandos se encuentra el comando Responder?**

a) Pestaña enviar y recibir y grupo Responder.
b) Pestaña inicio y grupo enviar y recibir.
c) Pestaña enviar y recibir y grupo Correo.
d) Pestaña inicio y grupo Responder.

# Solución al test n.º 7

**1.** d) cta@cts.es.

**2.** d) Nombre de Usuario.

**3.** b) Ctrol + Mayus+ R

**4.** b) Los mensajes se descargan de golpe si están disponibles.

**5.** a) Un Bulo o Noticia falsa.

**6.** b) Permite enviar mensajes.

**7.** a) El mensaje se dirige primero hasta el buzón de correo de su proveedor de internet.

**8.** c) Tanto correos gratuitos como de proveedores de pago.

**9.** d) Solo los destinatarios del campo PARA podrán saber qué personas han recibido el mensaje en copia oculta.

**10.** a) Correos recibidos con origen desconocido.

**11.** a) *Tabla* imprime la lista de correos y *Memorando* el correo seleccionado.

**12.** b) Responde al remitente y al resto de usuarios que estén en el mensaje.

**13.** d) Son visibles para todos los destinatarios.

**14.** c) Alta y Baja.

**15.** a) Panel de lectura.

**16.** d) RV.

**17.** c) Pueden ejecutarse manual o automáticamente.

**18.** c) Para mensajes que se envían o reciben.

**19.** a) PST.

**20.** c) Una bandera roja.

**21.** b) Cuando estamos dentro de la opción de correo.

**22.** d) Ninguna es correcta.

**23.** c) Podemos usar PARA, CC y CCO.

**24.** c) 254.

**25.** a) 6.

**26.** a) Ctrol + R

**27.** c) Grupo de contactos.

**28.** c) Ctrol + F

**29.** c) El uso de un cliente de correo tipo webmail requiere tener instalado el protocolo POP3 en el equipo local donde se utilice ese cliente web mail.

**30.** d) Pestaña inicio y grupo nuevo.

**31.** b) Al responder a un mensaje, los datos adjuntos al mensaje original se incluyen en la respuesta.

**32.** d) Pestaña inicio y grupo Responder.

# TEST N.º 8

**La Red Internet: origen, evolución y estado actual. Conceptos elementales sobre protocolos y servicios en Internet. Funcionalidades básicas de los navegadores web**

**1. ¿Qué afirmación es correcta al respecto de Internet?**

a) Internet es una red de ordenadores centralizada.
b) Internet es una red de ordenadores descentralizada.
c) Internet es un conjunto de ordenadores sin relación de ningún tipo.
d) Ninguna de las anteriores.

**2. ¿Cuándo apareció el primer navegador Web?**

a) En 1980.
b) En 1989.
c) En 1990.
d) En 1999.

**3. La publicidad en la red de Internet se conoce como:**

a) Banner.
b) Pop-Ups.
c) Chats.
d) Cookies.

**4. ¿Cómo se denomina a la red local de datos?**

a) WAN.
b) UMTS.
c) WiFi.
d) LAN.

**5. ¿Cuál de los siguientes términos no está relacionado con protocolos de Internet?**

a) TCP/IP.
b) HTTP.
c) Java.
d) FTP.

**6. El lugar donde se ofrecen páginas de Internet para ser consultadas se denomina:**

a) Proxy.
b) Server.
c) Gateway.
d) Rúter.

**7. Para convertir un nombre de dominio en una dirección IP pública a la que poder acceder se hace uso de:**

a) DNS.
b) NDS.
c) SDN.
d) Gateway.

**8. Para proteger nuestro PC de accesos indeseados, se puede hacer uso de:**

a) Gateway.
b) Router.
c) Firewall.
d) Ninguna de las respuestas anteriores es correcta.

**9. ¿Cuál es una de las particularidades del protocolo TCP/IP?**

a) Es un protocolo específico para dispositivos móviles.
b) No permite detectar paquetes perdidos.
c) Permite identificar paquetes no recibidos y solicitarlos de nuevo.
d) Ninguna de las anteriores.

**10. ¿Qué pretenden los operadores con el uso del CG-NAT?**

a) Usar una misma IP pública para varios usuarios.
b) Aumentar la velocidad de las conexiones.
c) Generar más tráfico en la red.
d) Ninguna de las anteriores.

**11. Indica cuál de las siguientes direcciones IP es errónea:**

a) 192.168.2.1
b) 192.256.2.5

c) 80.52.63.5
d) 123.2.1.1

## 12. Indica cuál de las siguientes opciones no es un navegador de Internet:

a) Edge.
b) Chrome.
c) Safari.
d) Filezilla.

## 13. Para ver el histórico de navegación en Edge, podemos hacer uso de la combinación de teclas:

a) Ctrl + Mayús + H.
b) Ctrl + H.
c) Mayús + H.
d) Ninguna de las anteriores

## 14. ¿Qué formato de compresión de imágenes se suele usar para las webs?

a) RAW.
b) MPEG.
c) JPG.
d) BMP.

## 15. Los enlaces a páginas web o partes de un documento se denominan:

a) Vínculos.
b) Anclas.
c) Extensiones.
d) Ventanas.

## 16. ¿Como se denomina al objeto referente a guardar una página web para visitarla de forma más fácil posteriormente?

a) Marcador.
b) Favorito.
c) Las dos respuestas anteriores son correctas.
d) Vínculo.

## 17. La memoria donde se carga parte de la página web que se visita para navegar más rápido y transmitir únicamente los cambios en la misma se denomina:

a) Cookie.
b) Caché.
c) Historial.
d) Marcador.

**18. ¿Qué son las cookies de un navegador Web?**

a) Son una memoria para acceder más rápidamente a las webs.
b) Son los datos del usuario que se almacenan al acceder a ciertas webs para agilizar su uso en futuros accesos.
c) Son elementos que dificultan la navegación a través de internet.
d) Son virus que ralentizan la navegación.

**19. ¿Qué servicios se pueden utilizar para hacer copias de seguridad de datos o compartir archivos en la nube?**

a) Facebook.
b) DropBox.
c) Twitter.
d) Ninguno de los anteriores.

**20. El contenido de la red y los niños es un tema que se trata en una disciplina denominada:**

a) Ciberética.
b) Proveedores.
c) El protocolo TCP.
d) Ninguna de las respuestas anteriores es correcta.

**21. ¿Cuál es la forma de acceso a internet más utilizada a día de hoy en los hogares?**

a) Modem RTC.
b) UMTS.
c) Fibra.
d) Radio.

**22. El símbolo utilizado para separar el nombre de usuario del servidor en las direcciones de correo electrónico es:**

a) Q
b) O
c) &
d) @

**23. Para conectar con un ordenador remoto con la finalidad de darle órdenes se utiliza el protocolo:**

a) Telnet.
b) HTML.
c) TCP/IP.
d) FTP.

**24. ¿Qué es un dominio informático en relación con Internet?**

a) Una posesión.
b) Una dirección única en internet.
c) Un hardware para conectarse más rápidamente.
d) Ninguna de las respuestas anteriores es correcta.

**25. Para navegar con seguridad es conveniente realizar ¿cuál de las siguientes opciones?**

a) Entrar solo en sitios conocidos.
b) Usar antivirus.
c) Usar Firewall.
d) Todas las respuestas anteriores son correctas.

**26. En los contenidos Web debería prevalecer para facilitar su visualización y navegabilidad ¿qué característica?**

a) La simplicidad y claridad.
b) El diseño y la multitud de datos.
c) La inclusión de la mayor cantidad de datos posible para que el usuario tenga todo a su disposición.
d) Ninguna de las respuestas anteriores es correcta.

**27. Indica cuál de las siguientes opciones no es un buscador de internet:**

a) Google.
b) DuckDuckGo.
c) Bing.
d) Gmail.

**28. Para preservar la confidencialidad de la información, convendría usar ¿qué buscador de contenidos?**

a) Google.
b) Bing.
c) Duckduckgo.
d) Ninguno de los anteriores.

**29. El nuevo protocolo de asignación de IP previsto para disponer de más números se denomina:**

a) IPv4.
b) IPv6.
c) IPv5.
d) IPv3.

**30. Para optimizar la navegación por internet conviene, de vez en cuando ¿qué acción realizar?**

a) Borrar cookies y caché.
b) Dejarlo todo como está.
c) Navegar sobre todo de noche cuando hay menos tráfico.
d) Ninguna de las anteriores.

**31. La organización que vela por los estándares a utilizar en la Web se denomina:**

a) W3C.
b) WAC.
c) 3WC.
d) WWW.

**32. ¿Cuál de las siguientes aplicaciones se utiliza para chats o videoconferencias?**

a) Facebook.
b) Skype.
c) Onedrive.
d) Anydesk.

**33. El tipo de comercio utilizado para realizar transacciones entre consumidores particulares se denomina:**

a) B2B.
b) B2C.
c) B2G.
d) C2C.

**34. ¿Qué velocidad de transferencia podrá alcanzar el 5G de móvil?**

a) 100 Mbps.
b) 1 Gbps.
c) 10 Gbps.
d) 100 Gbps.

**35. ¿Qué utilizan actualmente los proveedores de internet para dotar de IPs a los clientes y facilitarles acceso a internet?**

a) CGNAT.
b) Virtual Com.
c) DNS.
d) Emails.

# Solución al test n.º 8

**1.** b) Internet es una red de ordenadores descentralizada.

**2.** c) En 1990.

**3.** a) Banner.

**4.** d) LAN.

**5.** c) Java.

**6.** b) Server.

**7.** a) DNS.

**8.** c) Firewall.

**9.** c) Permite identificar paquetes no recibidos y solicitarlos de nuevo.

**10.** a) Usar una misma IP pública para varios usuarios.

**11.** b) 192.256.2.5.

**12.** d) Filezilla.

**13.** a) Ctrl + H.

**14.** c) JPG.

**15.** a) Vínculos.

**16.** c) Las dos respuestas anteriores son correctas.

**17.** b) Caché.

**18.** b) Son los datos del usuario que se almacenan al acceder a ciertas web para agilizar su uso en futuros accesos.

**19.** b) DropBox.

**20.** a) Ciberética.

**21.** c) Fibra.

**22.** d) @.

**23.** a) Telnet.

**24.** b) Una dirección única en internet.

**25.** d) Todas las respuestas anteriores son correctas.

**26.** a) La simplicidad y claridad.

**27.** d) Gmail.

**28.** c) Duckduckgo.

**29.** b) IPv6.

**30.** a) Borrar cookies y caché.

**31.** a) W3C.

**32.** b) Skype.

**33.** d) C2C.

**34.** b) 1 Gbps.

**35.** a) CGNAT.

# Cómo acceder al Curso

**Auxiliar Administrativo/a**
**Test**

El uso de los códigos **es exclusivo de los compradores de los productos de Editorial MAD**. Cada producto posee un código único y de un solo uso. Es personal e intransferible y da acceso a servicios y contenidos adicionales. Editorial MAD se reserva el derecho de hacer cuantas comprobaciones sean necesarias para identificar al legítimo poseedor del código y dejar de dar servicio a quien haga uso fraudulento del mismo, además de emprender cuantas acciones legales estime oportunas según la legislación vigente.

Deberás acceder a:

mad.es/registro-campus

Si una vez aceptadas las condiciones de uso del Campus decides hacer uso del mismo, necesitarás del siguiente código de acceso junto con los códigos del resto de títulos que se exigen (si fuera el caso):

VRBTE4PYQZ